那些做自己的女人，和她們的餐桌

她，橫越歐洲大陸找尋自我，走進 12 個女主人的家，
聽她們用生活樣貌說故事，重新找回女生向前走的勇氣

蔡佳妤 著

時報出版

我的故事 *004*

她們的故事

序章

我的故事

　　記得家母曾跟我說段往事：當年她在醫院生我，孩子那洪亮的哭聲，像個天生的總司令。醫生興奮跑來向我阿嬤道喜：「她有那兩顆啊！」我阿嬤多得意，朝親友說：「兒子！生了兒子！」孰不知醫生講的是兩顆酒窩。

　　往後的童年，我就靠這兩塊臉部凹陷活著。逢年過節大人都喜歡逗弄孩子，我的笑容開始有了娛樂作用，他們偏愛拿手往人臉頰鑽，我不太喜歡這種感覺，有句俗語說吃飽撐著。後來我安慰自己──這也算是種福氣，你一笑便有紅包拿，還有糖可吃。

　　那時候，我不覺得自己跟別人有什麼不同。我媽知道這孩子愛笑，天性親近，但身上老是瘀青，於是只往「被欺負」那方面猜想，從未想過我視力直落 0.01。檢查那日可能病人看得多，醫生沒耐心，當場就說：「妳這孩子根本近乎全盲。」母親看我在身旁，壓住心慌速速回他：「這

很正常。人會長高，視力也一樣。」

　　接下來 10 多年，我媽都當她在寫科幻小說。她編了無數奇葩故事，說明人類眼珠子上的白膜，會因為書讀得越多，越能漸漸把世間百態看清楚。編到一半還轉往武俠線路，說人若想看清楚，多半要付出些代價，往後面對正義，你不能明明看到，卻當作沒有看見。

　　因為幾乎沒有視力，我無法辨知一個女人，將生命裡最美的歲月，獻給近乎失明的女兒，她究竟被剝奪了什麼？我聽過一夜蒼老十歲的傳聞，也聽說我未能看見，她也難以闔眼。

　　可如果這宇宙真有所謂上帝視角，你會看見我母親從一名芭蕾舞者，剃了光頭，增胖 20 公斤，變成了計程車司機；因為她清楚唯有母兼父職，才能保護她自己，也才能保護嗷嗷待哺的孩子。

　　無數漫熬長夜，她為了避免母女雙雙被恐懼吞噬、被憂患在心口鑿出某種無以言喻也難以痊癒的傷痕，她將自己化為曙光，於是才有那《一千零一夜》，才有那些說來我深信不疑的故事，也才有那溫情、仁慈與光明，倒影在我一片霧茫的視網膜上，留下希望。

　　這時候我還不知，自己未來將有機會去看見美好，去看見盛夏的藍天白雲，還有曾經被母親帶到一個地方，只說了句「今天天氣很好」，便感到輕如羽毛的溫暖，聞到衣服晒來的淡香，從此知道一個名字喚作太陽的好東西。

　　20 年風雨飄搖的日子，我和母親相互依偎。她發了

狂似地積攢收入，從北到南送貨打零工，從臺灣將女兒送去日本；許是她說的故事感動了誰，許是她不知哪來的膽量遠走異鄉，她如願找到了良醫，願意一步步治好孩子的眼睛。

只不過，治療過程是十分漫長，也足以散盡家財的。在我的記憶中，母親把「看醫生」包裝成「私人旅遊」。我媽會爬梳深度文化景點，會細心安排路程，會讓醫院作為東京迪士尼的轉運站，毫無嘶吼痛哭與掙扎，我還穿上點點洋裝，胸口挺著一隻米老鼠，在不同院區張揚過街。

看完醫生，她通常會帶我去大吃一頓。因為她心事深，老覺得沒把孩子生好，那起碼要讓她吃好。我對醫生與廚師因此有了莫名好感，他們都是白衣人士，他們都懂得如何拿起刀，他們手裡有時候也都會出現酒精的味道。

母親年年捉襟見肘，帶我展開冒險的就醫之旅，也有窮途末路的時候；我們曾住過滿屋蟑螂的房子，她不用欺瞞我，反正我也看不見。我們曾窩在一塊吃同碗拉麵，她捨下自個兒那份，給孩子加點愛吃的玉米，誰曉得那次我掉牙，忙著找牙齒的母親，終歸餓了肚子。

還有小時候，我總期待搭電車到大阪的難波站（母女倆都愛搜刮高島屋 7 點後的出清美食）。在此前幾站，我都會拉起母親衣角問：「媽媽，下一站我們要去哪裡？」

長大後，我才明白對母親而言，孩子的幸福與笑容就是她的下一站。

許許多多，這樣又甜蜜又拮据的回憶，深深烙印在我

視覺逐漸清晰的日子，癒合我們心底潰瘍的傷口。說起來，我沒有什麼突然痊癒、大驚大喜的剎那，我一直都很相信我媽，她堅信女兒終究會重見光明這事，這宇宙自然也隨了她。

仔細認真想，倒是 27 歲那年在臺灣進行的最後一場手術，帶來的感觸較多。在此之前，日本醫生說能治好真是奇蹟，視力從 0.01 已經來到 1.0，剩餘的是外觀與眼部肌肉問題，俗稱「鬥雞眼」。

說實話，我等這天很久了。因為肌肉緊繃導致偏頭痛不斷，因為複視影響學習歷程特別困難。這些都是旁人無從體會的過程，更別說面對暗戀對象和職業生涯，每回我都在追求所愛之時，打退堂鼓。

後來，輾轉從日本回到臺灣，負責我斜視手術的是蔡紫薰醫師。她是那種「什麼大風大浪沒見過」，掌舵穩得出奇卻不傲慢的性子。在手術之後，我們用回診方式記錄心得，她也不斷想了解斜視病患，真正的身心痛楚、人際障礙與生活困難。

很快地就到了手術前一天，我赴醫院報到，詳實做了健康檢查，麻醉師詢問飲酒經歷（他若要加 5 倍劑量，也全因我家學淵源），蔡醫師過來在我左眼標記開刀位置，我自始至終不毛躁，乖得像條燙平的領帶。

睡醒隔天，我老早在病房等待，心想這濃密睫毛底下的光學結構，終於來到原廠維修之日。幾度我望向鏡子，想記住眼睛歪斜的程度——我都快忘記多少年了，我不斷

對著鏡子，確認要笑得多燦爛、採取何種角度面對人群，才不會被看出來。

後來我意識到，一個人過了青少年，畢生都會花許多時間，忙著何以悲傷，都不讓人給瞧出來。畢竟這社會慣於用年齡去界定，你該多孔融讓梨，你該有多成熟，你該多有抗壓性，好多的「你該……」，讓我們都忘記適時給對方一個擁抱。

我又再次望向門廊。母親大包小包走進來，老樣子聊今晚要吃什麼，她似乎感到這是我們人生共同的轉折點，她盼望在這時候，說些能讓我永遠記住她的事情，說來說去都跟食物攸關。很顯然地，我們母女關係，很大部分建立在我們對吃這事，全然香味、味蕾、聽覺織就的親密交纏，幾乎是摒除視覺，所描摹這世界的感官風景。

三番兩次，聽見輪子聲，她會停下來；我整個人卻像在賽道旁都要尖叫起來，跑出去看發現時候未到，又默默退回來待在床邊，她接續著講，我靜靜的聽，突然覺得《一千零一夜》算什麼，母親到了這天說了近一萬夜。

終於，護士推了手術床進來，我簡直欣喜若狂跳上去，母親臉倒臭得像孩子要被送進屠宰場。我口口聲聲安慰母親，身上卻佈滿興奮高昂、群起站立的顆粒；就像一群背主的逆賊一樣。

來到手術室，又是同樣的親切感。作為白衣人士的共同場域，此刻我像是一塊會呼吸的肉。這氣溫讓人如此清醒，我情緒又如此亢奮，不免胡思亂想，是否會發生麻醉

失效、人醒著開刀的慘境。（開刀前沒事別 Google，我講真的）哪知護士一句「放鬆，我要讓妳睡了喔！」，呼吸器罩上來，我一下遁入夢境。

這場手術，你說有多麼重獲新生、喜極而泣的感觸，沒有，遠遠沒有我想像得那麼多。倒是這一秒中浮上心頭的是，我明明白白知道，從此往後，我再也沒有非得回到醫院的理由。可是，我卻不想從和母親的這段回憶裡出走。

— — — —

對一個孩子來說，童年的餐桌底下總是充滿樂趣與秘密。開飯時，我跟母親之間有句暗號：「來鋪張報紙吧。」據說這暗號是老爸留下來，他最拿手的料理是瓜仔雞湯，我最後一次喝到它，是在我媽肚裡。

每當我聽見這聲呼喚，便會爬上座椅，一雙小腳丫在那騰空晃啊晃，等啊等吃飯——聽著母親在那翻閱老半天，拿起重物壓在報紙兩角，飯碗端來，筷具擺上，酸菜扣肉混著印刷墨味，我聞著、吃著長大。

說起來，我媽是我們家少數擅於烹火之人，這讓她成為充滿創造力的女性。詩書中琴棋書畫皆通的才女，大概在說她。但在我看來，這些都是被現實賞耳光，被生活給磨礪出來。

她來自玉里山鎮，從小排行老二。命裡就像老房二樓般，排水糞便都從這經過，就是沒好處流過；她憑著軍家

兒女的生活經驗，7歲學會生火，9歲便能補鞋，打小照顧病弱體虛的姐姐，還得帶上兩個妹妹。那時，窮人家生活基本按照戰時在過，豬油撿人家用剩的做成肥皂，水溝摸魚抓蝦去跟人換菜。所幸她樂觀，日子也就順過去了。

童年日子雖苦，但我媽活得一點都不將就。她有套黑旗袍，自個兒湊珠子，憑熟悉身架子穿針引線做出來，美到人家喜宴都歡迎她穿；她還喜歡把秀髮留長，抹些花油，梳整乾淨，烏黑亮麗的，她覺得這是對自我的一種尊重。

可能母親窮慣了，家境見好後她向來對家人很大方。只不過我們母女倆，仍愛吃些能瞬間填飽肚皮的食糧。尤其刈包、餃子、肉包堪稱我三大摯愛，我喜歡它們都能撥開——就像人生處處充滿驚喜，你想的跟發生的全然不是同一回事。這類俗食凡物做得難吃當裹腹，要做得美味則暗藏內涵，細節裡全是功夫。

這些美食還有個共通性，都有一種操作便利。食材主角五花肉妙用其中，有多的脂肪還能煸豬油。我先前聽義大利友人說，他們餃子要夠黃，雞蛋加得夠多，才代表家境富裕；英國朋友則告訴我，過去貴族喜歡無瑕白糖，還請來侍僕專門手工切割，以顯尊貴。

我們家異曲同工，豬油用哪個部位煸也能見家底。豬腰部位是上選用在大菜，做給親朋好友看，豬肚部分拿去炸粿也沒人吃得出來；剛才說的五花肉來自肚腹，雖不是什麼高尚選擇，但我媽能將平凡化為神奇的廚藝，這點不在話下。

說到底，面子有時得撐出來。1990 年代每逢佳節，親友算來得勤，每當客人一坐下來，嘰哩呱啦聊個沒完。我便躲進桌底下，拿起剪刀剪報紙。這是自從我眼睛開始好轉，母親教我認字的方法；每天剪字可能不大相同，今天剪「愛」，明日剪個「希望」，來年剪字拼句子，就這樣拼拼剪剪，我的閱讀與寫作能力，短時間就進步很多。

　　我們家的餐桌也越換越大桌，最後變成一張大玻璃圓桌。雖然弄得我一點隱私都沒有，但有那麼多朋友喜歡吃母親做的菜，大抵是因為她總是真誠地為深愛的家人朋友洗手作羹湯，並證明能將這世間最為粗暴的飽足，昇華至心靈的溫柔。

　　記憶裡，她會興致勃勃帶著我到菜市場尋訪，跟著肉販阿伯、菜攤阿姨抽絲剝繭，從飲食提煉對文化與人群的包容，敞開心胸，感受從餐饗傳遞出家的溫情與愛。她總說：「孩子，妳如何感受吃，便幾乎決定妳如何做人。」

　　我長大後確實還算有口福，可母親怎麼也沒想到生個廚盲。外面世界新潮變化，便利商店滿街都是，年輕人嫌開伙麻煩，誰能知道什麼時候，供給自身養分的火苗，失去創造熱情的火源；隱隱約約，跟父執輩有所斷層的我，也向來對於身為一個女人，能在餐廳享用男人替我做的飯——而感到很快活。

　　實際上我所生長這片土地，有些根本的隱憂還懸而未決。我們這年代出生的孩子，父母大概都是這般：經歷童年艱辛，迎接臺灣經濟起飛時代，書讀得多的人少，發財

的人卻很多，可以想像我們與父母對人生的解讀，以及所面對的現實會多麼不一樣。

我知道我媽內心一直有夢的。她熱愛音樂，喜歡芭蕾；她能在任何地方跳起舞來。但她從沒真正實現夢想，她身處華人社會，不斷在父母、社會期待與自我價值之間拉扯，並且為了生存，試圖表現出跟男人學習如何當個女人。

我在這般社會環境裡長大，不是很能明白，為什麼我有了穩定工作，得以自力更生，卻無法打從心底感到快樂？這個社會讓我覺得一個女人她活得有沒有價值，不在於替自己付出多少努力，而是她既然都這麼厲害了，但有沒有人要還是很重要。同時等著看她，在追逐自我成就的那天起，就必須犧牲另一塊至寶。

尤其好多年了，臺灣都在談國際化，但是我總在職場與社會感到卑微，以致於我在他人文化面前，更是自卑的。每當這種時候，我會特別想念母親的某道菜，某個療癒場景，還會想去那間跟老媽拜訪過的麵攤。可最遺憾地，隨著我媽年紀越大，她味覺退化，如今她想教我幾道菜，但做來全不是當年那滋味。

你可以想見，我在充斥各種聲音的人生道路上，恐怕早已失去最簡單，為愛的人做道菜、好好坐下吃頓飯的動力。這種感覺很糟糕。我可以靠工作養活自己，但如若世界是一座森林，我基本上沒法覓食、生火與活下去。我開始察覺，如果我們沒有用雙手去創造些什麼，那將會失去內在最深層的自信。

我不得不說，前往歐洲的旅程，多半有名為「意外」的調味存在。這調味出現在臺灣選出第一位女性總舖師——整體女性意識、自我價值與認同——火侯高漲的時代；女人掌廚在公私領域彷若有了討論空間，可空氣中，卻瀰漫著絢爛炮竹燃燒完後的煙硝味。

　　這時代看似進步了。但桌面下，華人特有的性別權力關係，仍暗潮洶湧；幾萬年前就定下的睪丸素，仍讓一些除了體力也拿不出其他證據能好好活著的男人自命不凡；我也還在面對親友的結婚傳喚，那些話題總是不離——年屆 30，就該找個對象嫁了，事業再忙最後還不是得回歸家庭，女人就該這樣。

　　哪樣？我思想起母親大半時光都待在廚房。我因為喜歡她做的菜，就以為她愛做菜；可是那熱油燙疤的手臂、那高溫熾出的大汗，那拼命刷洗鍋具的背影，猝不及防以一道火光從思緒裡迸出，燦亮地指引我必須去了解成長過程中，和母親一同揉饅頭的廚房，作為女性那窄小的飲食世界觀，究竟還有多少空間去伸展？

　　我也意識到若想找到答案，我可能需要匍匐深穴，找到那把火，去親身經歷女性轉化身分的地方，並重新找回蹲在灶爐前的勇氣。

　　這趟旅程，無非是透過人類共通語言：飲食，尋找這世界是否還有另一群女性，與我們同行；另闢蹊徑所要找尋的也並非是新女性的表率，而是舊女性因應時代的演化族群。

在此基礎上，我的目的不是去強化女權，甚至我還想避免它遭到濫用。你或許會問：「那為什麼要只寫女人？」確實，我們可以沒有性別去討論身為人該享有創造幸福的權利（創造地點也未必盡在廚房）。

但我特別著墨女性，在於女人在這世界上，委實需要換個方式去發聲，若想獲得尊重，也還有長路要走。到頭來，我就想要親自去看，那把象徵知情識趣、推動文明自主的火源究竟在哪？它又如何烈火燄燄，讓自覺熬進我們骨子裡，並重新點燃我們對人們的尊重與對生活的熱情。

——　—　——　——

當我們要去談新女性的時候，不可避免要談舊女性的存在。

回首前程，我承認自己起初認為：每個女人只要走出去，就勢必得擺脫渾身油煙的過去。你說不上來，在我從政治系畢業沒多久，社會便瀰漫一股從「吃什麼」走向「如何吃」的氛圍。大夥要麼把寂寞當品味，走進餐廳，安慰身心俱疲的腸胃；要麼煮出生活調劑，家中堆滿食譜，以證明人生諸多身不由己，我們至少都還能料理自己。

後來私廚在臺灣蔚為風氣，下廚變成高尚風雅的文化行動。短短幾年，女人在廚房裡烹食，已然從持家層次，升格為一門事業；男人從公領域回到家廚，儘管盡情發揮，樂得不受餐廳限制。

反觀我，身為一個完全不懂得做菜的女人。我內心對保守力量的反感，有點超乎自身想像；雖然我有些懷念母親家宴的精采，何以成為鄰里間的美談；她從不計較朋友有否帶了伴手禮，也未曾算計過投資報酬率。我想她對於烹飪是這麼一言以蔽之的——「那是你得吃飽，還想吃好的事。」但永遠做不出比老媽更美味的佳餚，也讓我對自己很唾棄。

　　尤其愛情專家不是聲稱：「要抓住一個男人的心，要先抓住他的胃」？我認為地球上至少有一半的女性能向妳證明：抓住男人的胃，不在於妳有什麼拿手好菜，最根本是妳到底是不是他的菜。

　　追根究柢，「女人進得了廚房，上得了廳堂」諸如此類被合理化的集體信念，誘發我內心的小抗拒，我抗拒的不是自己為何生而為女性，而是整體文化構築的女性價值。所以不難想像「女性們，共體時艱」是起初我來到歐洲的濫觴，我以為來到法國就能尋見新女性的涅槃，隨那優雅從容的行者，什麼都不在乎地抽根捲煙，自在人間。

　　可當我遊歷西歐、北歐拜訪 12 位女性，這中間存在著太多變數。我睡過垃圾車也賣過藝、鏟過牛屎也趕過牛羊，自己都狼狽地難以想像，又何以盼尋那些坐在餐桌旁漂漂亮亮的華麗貴婦，逐而轉往探索真實火窯邊的濃情世故。

　　遇見這群女主人多半出乎我計畫之外，從法國、丹麥、英國、義大利到西班牙，她們年齡從 32 到 70 歲，近

乎橫跨半世紀。每個人像似繳了塊人生拼圖，合起來，讓故事飄洋過海來到你面前，打開來，那是一幅深沈啟發的女性覺觀。

我只能概括地說，歐盟成立 30 年以來的女性思辨，大致呼應了歐陸當代的飲食思潮——從獨樹一幟走向不拘一格：人們在保留本土文化特色同時，培養與他人融合的本事，並企圖活得多采多姿。

這是個新舊女性難以壁壘分明的時代。任何人都無法拿自身民族觀點，去合理化任何一方的女性價值——哪怕這是顯而易見的思維誤區。

我於是乎採用一種方式來拜訪歐洲女主人：住進她們家裡，讓她們用自己的生活樣態來說故事。這 12 位女性在受訪過程中，時而感性又時而尖銳地分析自己，讓我足以記錄珍貴歐陸女性特寫，讓我們由此借鏡，開拓自身視野。

其中至關重要，對臺灣女性許是思考關鍵的，便是我們總將焦點放在歐陸女人是什麼模樣，卻忽略了她們蛻變的進程。而一個國家烹飪藝術的璀璨程度，也大半和她是否經歷殖民歷史、披沙揀金他國飲食文化息息相關。

到頭來，新女性是建立在多元民族融合的滋養上，影響她腦袋瓜最重要的蛋白質叫做知識。這些歐陸女主人便是要談——女人如何從多重角色與文化構築裡，走出傳統廚房，擺脫為家人奉獻而存在、為符合社會期待而偽善，進而尋見自身道路的故事。

在此，我們所論及的烹調非僅限於菜餚，而是普羅大眾追求在生活裡保有質樸的尊嚴與自我的滋味；並且，我同意可以甚為坦然且自在，至少行走至今，能出現在手稿裡的女性皆如是。

我也在這一路不斷反思出發的動機，挖掘女性在這世上真實存在的意義：用自身卓越與發光發熱，讓妳的同類感到她並不孤單。這個階段的我，也感受到母親帶給我的回憶，唯有妳重新去烹調它，才能死灰復燃。

透過這本記載，這群勇敢且慷慨的女性，將共同為妳端來 12 篇故事。

在妳品嚐前，如若妳無法承擔自我提昇的風險，好比去明白在不同時代裡要做個新女性，總不乏有些人會基於恐懼這把火燃起每個人內心的自覺，而讓這個社會裡的聰明人越來越多，便對妳冠以各種名義來行刑——

那我由衷建議：請別輕易翻開這本書。

因為妳很有可能，就此徹底醒來。

Madame Rebeka Jaqua

法國諾曼第
牧場裡的小提琴家　麗貝卡

整座牧場都是我的表演廳
32 頭乳牛就是我的 VIP

來自舊金山的作曲家嫁給法國飛行員，兩人來到偏遠鄉村，歷時 20 年構築牧場生態圈，並奉行不上超市、減少使用貨幣、全然「自給自足 Self-Sufficieny」的生活哲學。麗貝卡用乳汁製作乳酪、採集蘋果來做果乾與美酒，她深信女人要獨立，首先得先餵飽自己，再談經濟與人生的全面自由。

#法國版《托斯卡尼豔陽下》
#自給自足
#女人要獨立

飛越 9946 公里以後，我來到諾曼第卡爾瓦多斯省，一個不到三百人的村落裡。（我媽若在身邊，急性子的她肯定會大吼──孩子，別廢話，就說妳人到法國了。）

　　認真講起來，麗貝卡算是被我半拐半誘的受訪者。我先是打著志工名義，按部就班在她的山丘牧場，貢獻勞力，其餘我們多的是時間，花一下午揉麵團、烤麵包，再採些田園食材，興趣盎然地準備晚餐；試想，任誰都會被這猶如《托斯卡尼豔陽下》法國版的鄉村生活，給情不自禁地提起筆來。

　　一回生，二回熟的，麗貝卡開始分享她原本在舊金山是位作曲家，20 多年前，在旅途中遇見飛行員阿朗，遂而為愛走他鄉；當她跟著阿朗來到法國時，這個男人父親留下一片荒土，他們就在星空下搭帳棚，白手建起這座自給自足的牧場。

　　如今這些建物看來散落四方，呈現諾曼第傳統的農家型態：一來方便主人趕牛羊到哪，便能就近照看。二來，為了妥善運用空間，每棟房屋都是兩層樓，樓上住著牧牛人，底下拿來做儲倉也養些動物，周圍空地則少不了種些蘋果樹。

　　20 年過去，人跟動物在這裡早已成為生態圈的一部

分。好比山丘牧場的馬匹能負重，幫忙運送蘋果到釀酒廠去；小豬的四足則是完美的鬆土器，吃喝拉撒完，踩來踩去便生一方沃土。

山丘牧場的迷你馬母女

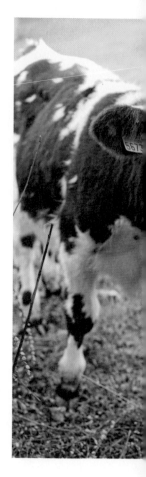

左 ｜ 一日牧場午餐，我興起拍下麗貝卡和阿朗
中 ｜ 未滿週年、親人又老嘴饞的小母牛
右 ｜ 麗貝卡與寶貝愛犬丁丁

牛的貢獻更是不及備載，說牠是生命的起源也不為過。最神奇的，牛糞不單是農田養分，還能和些黑泥製成燃火塊。你只需將這聞起來有股麥芽糖味、外型像普洱茶餅的玩意，點火丟進柴裡，看是掛肉煙燻、烤馬鈴薯或麵包，滋味都比烤箱來得好——只可惜談做菜我還太早，拿來墊熱湯可能還不錯。

我來到這裡後，就住在靠馬廄的二樓房舍。從二樓窗戶望出去，清晨遠遠地，便能見到羊群像爆米花般——白茸茸地散落在草原上。樓下還有對母女迷你馬，牠們會從柵欄邊探出頭來，等人摘蘋果給牠們嚐。屋舍內大抵都由麗貝卡打理，四爐烹調台、書櫃與木桌、幾盆櫻桃葉和零散餐具，一切從簡卻美妙無比。

作為一個都市人，我一直以為這樣已經很好了。我是多麼享受傍晚升起火爐，隨手擱只佈滿鏽跡的鐵壺，明明被蚊子叮個半死，也覺得自己能這般閒散過日子，實在很奢侈。

直到我第一次走進麗貝卡的主屋。

她正拿來幾個玻璃罐，用溫鹽水蓋過瓜果，以蒔蘿、整顆大蒜、胡椒與茴香調味點綴，再摘些葡葉鋪在上頭遮光。「這諾曼第又濕又冷，我們得來醃些黃瓜。」她說完

轉頭就問：「那妳接下來準備怎麼度過寒冬？」

寒冬？9月這時節，我看前院還結滿覆盆子呢！她聽完帶我走進糧倉，指向層架上的野苣菜、馬鈴薯和豌豆莢，四周琳琅滿目大概是早先醃好的辣椒、朝鮮薊和茄子，在我看來像是蔬菜福馬林的東西。另外角落除了有幾大袋麥片、麵粉，還有用稻草遮住的蒜頭和洋蔥。

我恍然大悟，原以為家門前有菜園，就能取之不盡，用之不竭，完全忘記這裡沒有愛之味醬瓜耶。她看我表情，嘆了口氣：「孩子，妳得先能餵飽自己。」

她決定多分我些麵粉，彷若我要有能力變出麵包、麵條與餃子——並且叮嚀著這回覆盆子摘了別吃完，得先冰到冷凍庫去，還喚我再去摘些蔬果，可耐放的也就那些，整個籃子裡南瓜一堆。

所幸，每週五志工都能去她那蹭飯吃。我也總喜歡去她那，那裡不僅有終年溫熱的四口爐，冬季能取暖，夏季用來除濕，四周還能拿來晾曬，側邊還有扇連接花園的門扉，放眼望去，整座森林與湖畔都像是自家廚房，甜羅勒、香花菜和鼠尾草更是咫尺可摘。

不過我們最愛的還是窩在石牆邊。麗貝卡在那擱張大

方桌，平日用來作畫，也用來邊看書邊熬湯；後來這裡成為大夥坐下來剝蒜頭，再來杯聖朱利安美酒的好地方。

可以想像，在農場吃完飯後最棒的消化方式，就是去散個步。所謂散步在臺灣是種健康觀念，你會在巷口公園晃兩圈，再走上樓梯就當自己爬過玉山。但在這是按日常去趕牛，我們時常得花費兩到三小時，先是把牛找回來，再帶著牠們橫越溪流、草原和好漢坡。

在山丘牧場，乳牛都很幸福的；牠們從小聽女主人的小提琴長大，平日裡放山裡養。麗貝卡說：「整個牧場都是我的表演廳，這 32 頭乳牛就是我的 VIP。」

她總能輕易喚出 32 頭牛的閨名。她會指向眼前的香奈兒說：「牠年紀大心性敏感，擠乳要輕點，免得牠不愉快。」再轉身安撫西蒙波娃：「她啊，最愛讓所有牛跟著狂燥，我們得先處理牠。」

說實話擠乳也沒什麼秘訣，你只要去想自己也有兩顆，將心比心，很自然就會得心應手。但初次體驗，我還是活活嚇一大跳，自問平生從未扶過「一長條」的乳頭，一時之間，該想還是不該想的，都想了。

只是，平日裡這些乳牛都是一副肉體橫陳在草地上的

模樣。所以乳頭老沾滿糞便，乾掉後你得先用軟布沾溫水擦拭，才能套上擠乳器——這機器只要轟隆作響，你便得趕緊伸長手臂，將四個銜接頭吸住乳房，一時之間幫浦上上下下，那副撕張拉扯的景象，吸得我胸口都疼。可事情還沒完呢，一旁剛出生的小牛，望眼欲穿，還等著你餵牠。

這樣每天過下來，你會覺得以前關在健身房，不停在跑步機上的自己，世界過得很窄小。而這般翻山越嶺的趕牛，歷經臉紅心跳的折騰，最終萃得人間最甜美的鮮乳——或許幫我的身體打下良好基石，我在後面 360 天的旅程，半次感冒都沒染上，最令人訝異的是過去始終難眠的我，就此都能一覺到天亮。

━ ━ ━ ━ ━

有句話說：「玩別人的小孩最有趣。」意思是自己生養起來日子恐怕過得不容易。我在山丘牧場待了一個月後，也就是連續三十天不斷撫摸乳牛的乳頭、撿人家的蛋又或運走誰的糞，我明白這樣的日子，我沒辦法一輩子過下去。

它像一個更巨大的跑步機，你同樣得反覆做著一成不變的事情，只是以前求的是美好體態，如今你求的是生活質地。牧場歲月看來是那麼的愜意，但付出代價是全年無

休與勞心勞力。

如果我們想要了解一位才華洋溢且正嶄露頭角的作曲家，為何要來到偏遠鄉村、實踐一座帶有生態圈意識的牧場？

麗貝卡會提到她的祖母。這位畢生鍾愛蕨類植物的園藝家，從小隨父親蓋苗圃；後經二次世界大戰，她痛惜人們只在意古蹟存亡，卻很少關心戰爭對自然的危害，因此四處投入民運，獨力堅守藥草園，每當看到原生植種被破壞，她都親手給種回來。

祖母對小麗貝卡來說意義非凡。她會帶著孫女走進森林，拾起莓果嗅聞，覓食樂趣也因而在 6 歲女孩的童年裡不斷發酵。麗貝卡很想念這段日子，也很感嘆如今人們為了求便利，習慣走進當代都市叢林——量販超市，挑些包得漂漂亮亮的黃檸檬，也不願碰見沾裹泥土的紅蘿蔔。她覺得當冷凍食品與微波爐偏離發明初衷，大行其道，人們將會逐漸喪失烹調過程的全盤知識，並大量減少我們花在廚房的時光。

這十數年，山丘牧場採取以物易物、減少貨幣使用的生活方式，麗貝卡也並非全面抵制超市。她認為，基於便利幅員遼闊的國土，足以鋪展四方美食等特性，超市具有

展現地方風俗的觀光效益，定位明確者更從產品揀選，體現小農價值觀的群聚。

只是她盼望人們理解：「過於追求方便的人生，只會讓我們缺乏想像力。」

在她看來，諾曼第農夫比較像是實業家。他們懂得自食其力，從土壤挖掘出大自然的樂趣，還能自給自足巧妙平衡生存危機，卻不用放棄快樂這麼重要的事情。

在當地，若要見識永續農業的蓬勃發展，麗貝卡大力推薦利雪市集。每週六清晨，人們會在廣場築起白色帳棚，大大寫著 AB（Agriculture Biologique）──代表國家認證，所有產品原料皆來自百分百有機農場；外圈則闢立各異其趣的咖啡廳、古書店與亞麻布行。

市集基本什麼都賣。諾曼第人最喜歡神秘兮兮地買「源頭貨」，他們更深知任何地方性市集，向來都禁不起追求風潮的湧客。於是他們理所當然地排外（又或說是種保護心態），只跟那些熱愛美食──來自對飲食文化的真情實切，而非浮華價位的人們交談。

自從我結識了市集東側的法蘭索瓦先生，就此愛上諾曼第特有農產──卡爾瓦多斯白蘭地。他無疑是個蘋果專

家，也是個渾身都是秘密的男子，便是他告訴我蘋果籽吃起來是杏仁味這個秘密。

他做這行已經 50 年，平日專門進些距今數百年的古董品種，我從他身上學會在這市場生存的話術。你會看見很多果農都來到這，熱烈地討論他們的蘋果——如何出現在世人的餐桌上。

這些農人乍聽說話都是輕聲細語，可骨子裡對於自身在做的事情很堅持，譬如他們面對危害蘋果的害蟲，大多不熱衷採用昆蟲誘捕器，因為諾曼第的害蟲跟巴黎下水道的老鼠並無二致，幾百年的基因傳承，牠們不斷進化，早已懂得對人類設下的陷阱繞道而行。

進一步來說，他們認為每顆蘋果都是個獨立部落，居民是多樣化的微生物。昆蟲應該要被容許存在的，害蟲就該用益蟲來去平衡；當蘋果樹作為農場食物鏈的一環：花朵仰賴昆蟲授粉，動物吃落在地上的果實，動物糞便又轉換成大地堆肥，繼續供養著樹木。

在山丘牧場，麗貝卡甚至將蘋果樹跟莓果灌木、藤本與草藥植物種在一起，讓彼此之間產生相互作用，就像萬壽菊能驅蟲，也能搗碎覆蓋樹根，幫助減緩土壤水份流失，並運用本身濕度來減少水資源浪費。

如今法蘭索瓦的果鋪，大多賣得是果農們的心血。比如羅馬人帶來的短莖蘋果，耐放又脆甜，能當裝飾也能隨時拿來嚐；還有玫瑰色的奧爾良蘋果，打從 17 世紀就拿來做果酒，只是諾曼第人更喜歡挖出果心，塞入棕糖與荳蔻香料，直接拿來烤。

他們不全然是為了每年經過嚴格考驗，在有機市場獨佔鰲頭，找到可以讓商品賣更貴的方法。他們看的一直都是自然界的本質：內心沒有界定的去相信這世上一切無論好壞，都有它的存在價值。

如同麗貝卡所言，農場不一定坐落在鄉村，也可能在你的事業、你的家庭，你實踐的人生道路上，重點是你能否意識到自己也是個「農夫」，瞭解你對周遭環境所做出的反應、所展現的信念，無非都在替地球的未來埋下一顆種子。

▬ ▬ ▬ ▬ ▬

諾曼第到了秋季，下雨是家常便飯。遇到這種時候，麗貝卡會索性趁空檔，邀大家做些室內勞作，好比搗磨甜菊、乳油、蘇打粉和伏特加製成牙膏；又或花好幾個小時把蘋果細削成片，用木杆給串起來，就這樣高掛四口爐上烘成果乾。

秋季檸檬蘋果乾—

蘋果去核削片噴灑檸檬汁，高掛爐灶上方，自然暖乾隔夜，便能製成美味果乾。家中沒有爐灶可改用烤箱，

蘋果片放在烤盤，恆溫60度烘烤12小時至果乾酥脆（記得要將烤箱微微打開！）

麗貝卡廚房有個四口爐，能夠輕鬆料理一桌菜，
是喜愛鄉村生活之人的夢幻收藏

大夥在這樣的雨天裡，能做的無非就是繞著火爐，吃點東西，唱著歌。麗貝卡的歌聲很美，像從山谷裡傳來，能在你心上佈滿青苔。我最喜歡的大概是她唱巴布・狄倫《瑪姬的農場》的一段歌詞：

> 我盡了最大努力　想要去做真正的自己
> 但每一個人　卻希望你變得跟他們一樣
> 你辛勞工作　被奴役時　他們卻在歌唱
> 我早已厭倦了這一切

下一句接的其實是「我再也不想去瑪姬的農場工作了」，麗貝卡聽完笑了出來。我同她分享，記得那日在利雪市集，我們看中同盆杏桃色的玫瑰，她向花農問：「先生，你今天過得好嗎？這花好漂亮，就跟我感覺到你的心情一樣。」我開口第一句，劈頭便問：「這盆花要多少錢？」

這件事情帶給我很深的反思。我那時才體悟，她所認知的生活是為自己勞動，去創造個人的幸福，去關心他人的感受。反觀我在臺灣領薪水過日子，平日裡最快樂也唯一感到自主的事情，便是用自己想要的方式把錢花掉。

當初來到這，我覺得自給自足，某種程度也是在自找麻煩。為了一塊超市就能買到的鹹奶油，我得先帶乳牛散步，從牠們身上擠出牛乳，先是放進冰箱兩天，用上層分

離出的濃稠油脂奶，攪打成鮮奶油，再不停攪打到自我懷疑、變成奶油後灑上鹽巴。

可是後來我從麗貝卡身上學到：做人就是要從簡單的生活裡，給自己找麻煩。

很奇妙的，當我在牧場每個角落遊走時，內心會不自覺去找到在異地落地生根的方式。你用雙手挖出甜菜根，為隔年鋪層樹葉與黑土；你用雙手去覓得食物，而非用腦子在工作時，這所帶來的喜悅與成就感前所未有。

我們待在都市裡的時候，大家身邊多少都有很愛高談闊論的親友。他們從早些年務農時代問你呷飽沒，到現在問你每個月賺幾多錢；看到你買新衣服說人看起來是變瘦了，下句又問這件你買多少；逢年過節這樣聊下去，孩子自然會用金錢來看待大多事情。

自從我來到這，三不五時鄰居坐在蘋果樹下聊，我很喜歡他們光是摘顆茄子都能聊半天，如何醃得美味又是後半天，聊到興致高昂便把親友都喚過來，有些人提著美酒，有些人剛做好乳酪，我們走進森林再摘些栗果來烤，就能席地野餐。

這陣子我也總會想，當離開歐洲時該把什麼東西給帶

回去。我想起以前出國的時候，我會帶些保養品、衣服，再塞瓶葡萄酒。現在我打算帶些經久不衰的東西──好比對生活的態度，還有些許烹飪技巧上的進步。

後者我媽可能最高興，她起初猜得沒錯，我來這至少一個月都只能煮鍋湯，把南瓜丟下去就算完事。但現在我能親手烤出羅馬麵包，還能自己做羊奶乳酪，靈機一動還懂得把蘋果木枝拿來燻肉條。（講白了我幾乎是從現在才開始演化）

如果可以，我還想帶上在諾曼第冬季到來前，還有永恆這般美好的秋天。畢竟我是在親手觸碰土壤，才明白自己是多麼嚮往著自然，而大自然對任何生命又有多麼高的包容性。

與此同時，自然界還有種力量，已經會讓我的內在無法停止去前進。尤其當我忽然間知道自己不喜歡什麼，但講不出來要什麼的時候，我告訴自己再往前走一點點，去勇於接受一些挑戰，或許我便還有機會，看見前景。

我們用蘋果箱盛滿現摘水果、
蔓越莓甜麵包、
櫛瓜巧克力蛋糕,
開瓶美酒,愜意野餐

我的餐桌
和人生的富足有同等分量

她繼承父親的酒廠，還有那片特級葡萄園，並花了十多年在男人堆裡重新獲得認可與尊重；當香檳逐漸走向量化、面對大財團介入的困境，她用鄉村菜餚、發起瓶蓋貨幣，重新讓世人想起大地賦予美酒的味道。

香檳與酒標
女性莊主
瓶蓋貨幣

我從大二那年愛上葡萄酒。那時說不上具體原因，大抵是從小眼睛不好，很自然就成為一個很倚賴嗅覺的人，也是個能在香味裡享受自由，找尋世界廣博的人；再來就是我很喜歡葡萄這種藤本植物，它種植時需要貧瘠土壤，根系才會往下奮力找水源，莖葉則向上生長面向陽光，這點跟我的成長背景很像。

當時臺灣餐飲學校的酒相關教育，還沒有那麼普及。若想要系統化學習葡萄酒，考取證照是個折衷選擇；後來些年，輾轉英國、美國到日本，該考的我都沾過醬油，可總覺得很多知識都用看的，從沒親身體驗過，所以內心不曾感到過踏實。

很幸運的是——在我向法國寄出百來封信後（別看講得輕描淡寫，現實世界裡只差沒寄出血書而已），狐庫香檳酒莊願意給我這份機會。現任當家女主人是佛羅倫斯，她的父親米歇爾在 1964 年，買下法國東北邊維爾特斯山坡的特級園，隨後在 1975 年，佛羅倫斯跟父親住進葡萄園旁的老宅，他們守著 6 公頃土地，從最初就專注於百分百夏多內葡萄釀製的香檳。

我們的相見被安排在一場家庭聚會。佛羅倫斯邀請我來看她兒子的手球賽，這讓人盛情難卻，如同我也參與她孩子成長般，很親暱且溫馨。當我來到球場，她正把香檳

從冰桶中抽出來，蹦的一聲，轉眼倒在類似臺灣的啤酒杯中，可是在場沒人對杯子挑三揀四，彷若慶祝無分時刻，香檳也無分容器，這一切對他們來說稀鬆平常。

　　球賽實在很精采，但場外更是熱鬧非凡。法蘭西人是那麼熱情踴躍，他們的胃口像一群剛打完仗的士兵，就這樣運動完就吃，吃完接著喝，喝完又繼續打，絲毫不見疲態，連佛羅倫斯都精神奕奕地再開瓶美酒。

每個女人手邊都有道省事的甜點，烤蘋果奶酥便是其一

等到我跟她回到家裡，時間已過晚餐。她丈夫達米安剛從酒廠回來，這是我第一次見到這位釀酒師，總覺得他長得很像某種天才，不修邊幅散亂著捲髮，眉毛總是攏在充滿疑惑的瞬間。他一看到我，便將兩隻手從口袋裡抽出來，拉開大門請我進去。

佛羅倫斯家門一開，便能見到廚房。廚房沒有太多空間也稱不上簡潔，隨手擺放的鍋碗瓢盆散發出一股生活味，餐桌上一盞昏暗的黃燈，會讓你誤以為待在小船艙。

我早耳聞佛羅倫斯很會做菜，也很懂吃。她擁有標準的美食家體態（和我如出一轍），平日裡吃的動物性脂肪，經年累月在我們身上的各個角落——什麼蝴蝶袖、雙下巴還三層肉的，就像她說的，這些詞彙之所以被發明，無非是在讚美一個人多有口福，而不該是嫌棄一個人有多胖。

佛羅倫斯到底有多自豪她那傲人身材呢？她父親說過一句話很有道理：種葡萄的人，又怎麼會去抱怨任何長得好的東西。無論多少人勸戒她，她也總是回：「為什麼你那麼敬重律師這項職業，卻不能接受另一個人的體重有同等分量呢？」為了保持紀律與專業，就跟所有到健身房的女人一樣，她們能花 2 小時在跑步機上，我們也都每天至少花 3 小時在餐桌上。

何況她真心覺得這不是胖，只是廚房蓋得比較小。不過她也沒打算重新裝潢，小有小的奧妙，至少人不用走動奔波，站在那裡伸手便能取東西多好。

　　達米安從進門到現在都沒搭話。唯獨聽到太太這番言詞，突然像是想到有什麼忘記拿出來般──伸手拉開落地窗（仍然無需走動），在名為花園的天然冰箱裡，取來幾支綠瓶子。佛羅倫斯這才拍頭道：「哎呀，我都忘了！」

　　當綠瓶子傾倒出芬芳，夫妻倆說好幾年了，世界各地都很流行盲飲，為的是訓練品飲能力；可他們自家人喝酒，都從酒廠隨手拿，瓶身也省得貼酒標，一直都是這樣喝。

　　我很享受這種農家情趣。從啤酒杯到綠瓶子，對於世代相傳的酒農來說，香檳像是我們的高山茶屬於地區性農產品，農民驕傲的不在於香檳如何走向國際，而是他們數代耕植的飲食文化，補足了人類文明演化的那塊缺角，就像英語 Culture 本就源自法文動詞 Cultiver，指得是你去耕耘一塊土地，也沃養人與人之間的情誼。

　　有別於我們耳熟能詳的大集團佳釀，葡萄多由酒農與合作社買來，釀製出高產量、風味一致、運往世界各地的酒款。佛羅倫斯的酒莊屬於家庭式經營，自家種葡萄、從釀酒到裝瓶出貨，不假他人之手。

在外人看來，佛羅倫斯像是風光繼承家業。但是先不說法國稅賦有多重，作為少數女性莊主，不代表香檳區的女人真能獲得多大的尊重，而在於她們的先生或父親走得早。可她還是比較看重心態問題，她認為如果事情還未發生，我們女人就沒必要在任何職場，先把自個兒視為弱勢，因為讓自己活在一個標準比較低的世界，能活下來也都只是僥倖而已。

　　這十多年來，她與達米安獨立耕耘小面積葡萄園，基於地塊優良，不時得面對大酒廠的虎視眈眈，還得應付將投資酒莊視為風雅的門外漢。

　　與她類似帶有傳統風土意識的酒農們，面對全球化酒商，以及追求大品牌的消費者，他們既無相應的科技去釀酒，也無財力去做國際行銷，就算在那安居樂業，還得被那些從沒下過田的酒評家，肆意評斷苦心經營的成果。

　　然而，狐庫香檳以每年不到 3 萬瓶產量──逐漸在北歐站穩腳跟，關鍵在於他們堅持走自己的風格，她和達米安延長瓶中熟成至少 6 年，反覆琢磨土質況味與酵母變化，把少量做到最好，質量做到拔萃──說起來，她是「做自己喜歡的事情，財富就會上門來找」的那一派，那所謂的財富，要以什麼樣的形式來到她生命裡，想當然都是她自己可以決定的。

入冬後的香檳區，霪雨綿綿，霧氣矇矓，大地像給農人起了蚊帳，窗外葡萄樹老早結成冰晶，而今，正是繼採收季後最理想的剪枝時間。

佛羅倫斯的笑聲從葡萄園裡傳來：「妳若剪過白丘的葡萄，這世上就沒有什麼葡萄妳剪不了。」

據她所說，剪枝是葡萄園裡唯一需要用到大腦的技能，為了剪出葡萄未來的生長方向，你得去細想葡萄所處坡向與陽光等要素，以兼顧將來的質與量。因此，當地優秀的剪枝人員至少得培訓三年，第一年剪得正確，第二年剪得精準，第三年才有辦法剪得快。

但能夠待上三年的人不多，大半法國年輕人還是很抗拒務農。佛羅倫斯則想說既然我都來了，不如跟她沿著山坡一路剪下來。這話聽起來好像容易，但無論你套多少雙襪子，那凍仍是綿裡藏針，直往你腳底鑽。

沒兩下子，我肩膀便僵硬得不得了，整個人看上去窩著身軀冷得猥瑣。起初佛羅倫斯以為我這是被凍壞了，後來發現是因為達米安在我身邊，他那緊迫盯人的模樣，好似我剪得不是葡萄枝，是他兒子的手指。我動作慢吞吞

的，他反而很高興，直說寧可剪好也不求剪快——話雖這樣說，傍晚沒見他人，我便知道他去把剩餘的都補剪回來。

下午我通常被安排去轉酒瓶。目的是讓葡萄發酵後酵母沈積在瓶口，以方便後續的除渣。地窖是直接從白堊土壤層挖出來的，幽靜靜的，幾千個瓶子養著微生物，都靠吸汲土壤、空氣和陽光為生，然而你得像轉動時光般，讓它翻身，讓它光彩體面地活過來。

而每當我從地窖延著階梯回到溫暖的餐室，我知道那有美味的鄉村佳餚等著我，我們日復一日，騰騰爐火，歡盡美酒，好好享受豐盛的晚餐。

很快的，時間來到薄酒萊新酒日（Beaujolais Nouveau）。也就從馬貢南部到里昂這片薄酒萊土壤，農人將 14 世紀曾被菲利普二世公爵視為空有產量、質地不佳，而逐出布根第的佳美葡萄，重新釀成果香四溢的佳釀。

新酒原先只是個行銷手法。每年 9 月酒農採收葡萄，快速用不鏽鋼發酵後裝瓶，在 11 月的第三個星期四上市；這樣的美酒入手價格不高，等於你用最便宜的門票參與法國文化的傳統，80 多年來已風行世界各地。

從我們這到薄酒萊約莫是台北到高雄的距離。達米安說今年想南下去交些朋友、品嚐美食，順道推廣一下自家香檳。我跟佛羅倫斯則著手準備大後天的乳酪派對；趁著空檔，我們還跑到香檳重鎮蘭斯，在聖母大教堂旁的聖誕市集——大啖生蠔、肉派和玫瑰瑪德蓮。

等達米安回來時，他抱著兩箱美酒。絲毫不誇張地，佛羅倫斯至少也準備 20 款乳酪，擺上一桌法國全境畜牧業農產圖。我整晚在派對沒什麼話題，就跟法國人聊乳酪，言談之間我聽大家都是吃過再來，我倒是餓得發慌，誰知道法國人會把美酒當食物，乳酪當甜點呢。

只是我也沒有料到印象淡薄的薄酒萊，隨著達米安端出來的佳釀從年輕走向老藤，口味也從輕雅到辛香厚重，能有如此豐富的變化。我甚至嚐到風車磨坊村莊之作，忘我讚嘆：「這不就是黑皮諾嗎？」達米安詫異地回我：「那是佳美，百分百的佳美。」

這天晚上，乳酪當然沒吃完，達米安更不曾讓誰的杯子空過，大家都很投入難忘，就像一場不可思議的夢；席間有對酒農夫婦，先生名為薩巴斯蒂安，一聽說我來自臺灣，便盛情邀約大夥去他家接續辦場「蠔門宴」。佛羅倫斯聽了很高興，特地站起身來向我介紹，我望向他們奶油色的肌膚，光彩陶醉的神情，很相信這是場令人期待的聚

會，更相信他們的葡萄也種得很好。

─── ─ ─ ──

果不其然，蠔門宴一開場便迎來法國人的全民運動──開胃酒（L'apéritif），法蘭西大文豪保羅・莫朗給它冠了個美妙稱詞：正餐前的晚禱。

時間大約傍晚 5 點，女主人已鋪排滿桌鮭魚薄餅、洋蔥塔、鵝肝和醃臘腸，幾顆檸檬奶油酥──孩子愛吃的，堅果餅乾就給大人解嘴饞，還有幾樣點心都入口即化、做成用手便能取來吃的大小。

對法國人而言，開胃酒是遠離塵囂而寧靜的桃花源。佛羅倫斯回憶從前，她和父母夏季會到湖邊或公園野餐，冬季就窩在家裡促膝長談：「每個法國女人都用這方法在客廳度過美妙的時光，而不必在廚房裡度過整個夜晚。」

「Santé！」聽到「祝您健康」這話算是開席了。

薩巴斯蒂安走到餐桌旁，俐落地開啟香檳。他妻子隨性挽起長髮，身著一身長洋，從廚房裡走來；她的笑容是那麼溫煦真誠，一轉身宛若詩就會從她身側落下來，那是令人無從抗拒的美麗。我和佛羅倫斯還是那套打扮，時尚

原則是讓女人的肉身，作為對美食最為虔誠的袈裟。她特地做了拿手甜點蘋果塔，交到女主人手中後，便主動跟大家閒話家常——不時從我這角度看過去，她會端起酒杯，深深將鼻子埋進土壤。

等到時間差不多，達米安幫忙從戶外搬來好幾箱生蠔。有見過開生蠔的朋友，都知道這完全是門技術活。

可薩巴斯蒂安開起生蠔的模樣，值得眾人為他歡呼！你若不看他雙手在忙些什麼，只會認定他是個造詣精湛的鋼琴家，正演奏大黃蜂般——我們吃的速度永遠趕不上他開的速度。你若仔細觀察，還會發現生蠔一次盛上數量以6的倍數為主，我從佛羅倫斯那學到方法，雖然我們到人家家裡，禮貌得酌量，但有時候多拿一兩顆，只會讓主人感到他夠大方，你也夠盡興。

薩巴斯蒂安興致來，還煎了幾條維爾安杜肉腸下酒，我喜歡看他邊描述食物，邊親吻他的手指。他妻子則是大費周章，趕早去市場挑選飼養少於 38 天，重量未達 500 的童年公雞——費一下午端出那焦糖色烤雞，我光聽著滾燙雞油澆淋酥皮滋滋作響，便感到人生不虛此行。

就在此刻，鈴聲響起。門外站了位老婦人，她一進門眼鏡便被這寒天給霧矇了。佛羅倫斯介紹她是老鄰居，恐

怕在酒廠找不到人才尋過來；這位老婦人很慷慨，特地提來兩大袋兔肉餡餅和乳酪麵包。回想我人在台北時，鄰居之間哪有這般好交情，我們永遠隔著水泥牆，而非農田比鄰的生態鏈，我們無需仰賴對方生存，唯一需要相挺的頂多是當個代收包裹的人體信箱。

達米安決定再開瓶 90 年的粉紅香檳。女主人端出來的橄欖木盤盛著七樣起司，她另外把一整圓塊的康門貝爾乳酪，放進暖爐上方的小洞口——瞧那邊緣微微融化，只消淋滿楓糖漿，法國人說這是最簡單又最絕妙的美味了。

佛羅倫斯趁此把桌面清空，想來點晚間娛樂活動。我們湊近前去看，她介紹法國 13 個大區物產豐饒、文化豐碩，他們阿登大區以香檳酒為人們所知，但這裡居民有個習慣：不使用歐元，偏好用瓶蓋作為通行貨幣來交換回憶。走進人們家裡，總有個收藏罐在那，每個人拿起瓶蓋，便能說起一趟旅行、一段故事，一次慶祝新生活的開始。

這數百年來，酒農用歲月釀出歡愉一生的氣泡，也伴隨人們走過千荊萬棘。佛羅倫斯拿出玻璃瓶，倒出花花綠綠的香檳瓶蓋，從中間找出淡金白紋那款，這是她品嚐父親釀的首瓶佳釀。

在此之前，她深覺葡萄酒世界山路遙遠，得先百無設

限地去攀越。經過好幾年的歷練，當她回頭品嚐父親釀的美酒、家鄉的風土，她才意識到如果人生像你疾車高速公路，一帆風順地直接抵達目的地，那你該會有多惋惜——失去很多機會看到你原本應該看到的風景。

到頭來可以說，這世上哪有什麼所謂的目的地？我們都曾無數迷茫，也曾在一場懵醉中霍然清醒：一個人去了解自己為何來到這世界，遠勝去擔憂將來要去到哪裡。

不難想像，這頓晚餐被佛羅倫斯這麼一詮釋，讓人記憶深刻。酒標對她來說不盡然去標明來處，反倒是你挖掘出發的動機，於焉實現夢寐以求的憧憬。而這或許是飲食滋養了我們，也或許是佛羅倫斯用家鄉味去影響許多人，總歸我們都在此時此刻，在餐桌前，練習放下刀叉，放下較量，放下所有執惱悵惘，隨遇而安，隨日落而晚禱。

法式干邑炙牛腎 |
取鑄鐵平鍋以中大火加熱奶油，待冒煙加入小牛腎，大火 2 分鐘，以鹽巴調味，中火再炒 2 分鐘、攪入鮮奶油煮 1 分鐘，最後淋上白蘭地餕燒，迅速攪拌，灑上香芹，便可上桌。

丹麥托爾尼
陶藝家 雅娜

孩子參與你的生活
他們才能變得更成熟

來自德國的雅娜，嫁給美國的格雷先生，再共
同到丹麥打拼。在全球最幸福的國度，他們融
合德式的充滿尊重與關愛、丹麥的勇於嘗試與
冒險、美式的直言不諱與溝通，獨創自己的「混
搭式」教育，讓寶貝女兒自信成長。

異國婚姻
文化差異
混搭式親子教育

聖誕節就快要來了。這在歐洲家庭等同於臺灣過年的日子，對於背包客來說是個搭乘交通、出外用餐和找房子住，都貴得離譜的時候。人生地不熟的我聯絡幾家機構、幾位朋友，願意讓你在佳節期間串門子的有，但樂意敞開大門、共度聖誕夜的人不多。

輾轉我聯繫到一對陶藝家夫婦。美國先生格雷名聲很響亮，不單是個生物與人類學研究專家，還曾師從日本國寶陶藝家島岡達三；德國太太雅娜則曾在陶瓷重鎮蘭休特當學徒，通過高階評考獲得專家執照。

幾年前，夫妻倆為了給兒女最理想的生活條件，用歐盟公民資格定居北丹麥，並將一座兩百年歷史的老車站，改建為陶坊與民宿；民宿平日會開放接待旅途中的藝術家，我心想如果能過去度過寒冷冬天，順道感受一下北歐聖誕節，那聽起來就像一段佳話。

但我沒有任何才藝啊？電話拿起來雅娜說：「妳是說故事的人不是嗎？」於是我從哥本哈根北上搭 6 小時的火車，來到托爾尼這座不到兩百人的城鎮。就在火車站正對面，雅娜和格雷站在門外熱情迎接，屋裡還有來自立陶宛的建築師、馬其頓的畫家，還有愛沙尼亞那位製陶人最瘋狂，他騎單車橫越千里，行經拉脫維亞、波蘭和德國一路來到這北境。

我們這群異鄉人很快就打成一片，因為我們都來自比丹麥貧困的國家。人們談起死裡逃生的經驗，總比論起財富如何揮霍來得有趣許多。

但格雷跟雅娜認為，國家跟人一樣，這世界都沒有絕對的完美；他們 14 年前懷抱憧憬，來到全球號稱最幸福的國度，見證丹麥多麼樂意去成就一個社會裡的大多數人，並且願以用高昂稅收來承擔責任。

只是這裡也存在著隱憂。當人們從出生到死亡政府都會買單，多數人變得不大有儲蓄習慣；不乏年輕人覺得努力到頭來是均富，那人生那麼拼盡全力又要做什麼？這種思維在近年，逐漸讓福利產生品質漏洞，也讓丹麥人不盡都能在柔美的燭光中笑著喝茶；雅娜坦言：「在這要找到良好師資、醫療資源，都遠比我們想像得困難許多。」

值得慶幸的是這些年夫妻倆為了融入當地，不只學會丹麥語，還學得像母語。當地人算很善待外來客，尤其當聖誕節，人們只要想到送禮就會來找雅娜，雅娜當然很高興，這時節她總是大半天不見人影的，白天忙著製陶，夜晚忙著顧窯。

美麗的陶製餐具，總是讓食物更美味

杏仁聖誕餅乾 |

將 220g 奶油、100g 糖打成蓬鬆霜狀,和
1 顆常溫蛋黃拌勻;再和 250g 麵粉過篩、
100g 杏仁粉混成餅團,用保鮮膜包起來,
放入冰箱 1 個小時。待掌心搓揉成圓球,
用叉子壓扁,順便壓出條紋,放在鋪紙烤
盤上,表面刷蛋液,以預熱 170 度烤 12 分
鐘,便能做出約 50 顆小餅乾。

那每當妻子在忙，格雷就選擇待在廚房。他的宮殿藏
在這座百坪房舍的最深處，那裡裝潢成某個師傅待一輩子
的地方，並且所有一切設計都是為了好清理，不鏽鋼流理
台、中島爐具、大型烤箱，還有自動洗碗機，規模可以說
跟餐廳沒兩樣。

只要來民宿的客人，通常都會預定格雷做的菜。他以
前因為父親是美國部隊軍長，4歲便跟著遊歷20多個國家；
後來他在威斯康辛州的一座農庄長大，母親有自己的雞、
牛、羊和花園，平常上學他書本一擱，便跑去跟附近原住
民找漿果、獵松雞和野豬，可以說從小就坐在多元民族與
文化的桌前，以致他現在燒菜已是渾然天成，烹調向來五
花八門。

你若見他走進廚房，就像個準備登台作秀的巨石強
森，他會脫去保暖用的長袍，在太陽穴上抹些勇猛亢奮的
辣椒，意亂情迷地為靈魂灑綴些丁香，並且用料扎實讓你
嘴裡都是大蒜的味道。

但我也不得不說，格雷這人沒什麼缺點，唯獨他只要
蹲在爐灶前，脾氣就有些暴躁。可我從沒見過雅娜跟他計
較，她直言人無十全十美，格雷那般火一樣的性格，正是
她這樣的陶藝家所需要。

她打從心底感謝丈夫體貼。畢竟當 5 歲以下小孩的爸爸，真的很難熬。你的耳邊會不停傳來砰砰聲，每天還得從災難性的現實中恢復過來；格雷至少願意分擔些家務，尤其他自己熱愛美食，他看得見烹飪對於一個家庭的重要。

　　他也向來樂於在人前讚美妻子，從她這個人、所做陶器到誇讚她很會做麵包。或許陶藝家捏陶那勁道就是跟人家不一樣，雅娜總能把麵團揉得不見顆粒和氣泡，裡面食材看似簡單——野生酵母、粗海鹽、水和裸麥（不時添點亞麻或罌粟籽），但你會吃到時光的奧妙。我們也從她用的海鹽，進而認識她的家鄉——德國西北海岸外的哈里根群島。那裡住著被歐洲遺忘的低窪居民，島嶼隨時會被海平面上升而淹沒，但也隨時都帶來肥沃的鹽草甸。我有一回看網飛頻道介紹說牛羊吃鹽土種的草，肉質都是海的深邃，我們嚐雅娜做的麵包也都是海的風味。

　　鹽巴對陶藝師自然還有其他用處。雅娜後院那兩座磚窯，一座格雷用作煙燻培根，另一座會找來漂流木為燃源，在窯體只開個微小洞口，讓內部充分燃燒完全後——便能把海鹽灑入攝氏一千兩百度的高溫窯，當鈉化合物與陶胚產生作用，陶器表面會產生柑皮紋理的鹽釉，拿來盛裝繩紋圓麵包，在光影底下特別美妙。

說起來，雅娜和她先生都是靠火維生之人。我時常從旁觀察倆人，深覺這大概是婚姻的某種原始面貌，彼此能各自取暖，也能患難與共，無論不眠不休守窯，又或聚精會神守灶，他們日以繼夜做些簡單卻永恆的事，把愛情昇華成點滴在心頭的熒熒神采。

——　——

雅娜這天和我說起：一個家庭裡的文化差異很令人興奮，但也很難駕馭。生活在丹麥，雅娜認為讓孩子在多語環境成長的最大樂趣，便是聽女兒每天至少有一半時間，講德文以外的語言。這代表孩子不斷在異地學習，而她所學到的東西是做媽從來也沒學過的。

只是有時候，這會讓雅娜產生一種遙遠的距離感。好像能跟自己用母語溝通的丈夫、女兒，都生活在丹麥海上的德國島。雖然她不致於覺得非我語言，便是非我族類，但總歸在丹麥，她樂得配合聖誕節挪到 24 日，樂得讓餅乾和果茶重回餐桌，她還會把再次成為德國人這件事，看得特別隆重。

但她要面對的還有來自先生的美國文化，這是一個讓孩子在 25 號才能到襪子附近閒晃的國家。在這麼神聖的聖誕節，也是講求節日氣氛日子裡，德國人會準備熱紅酒

和杏仁蛋糕，美國人則會用汽水和富含碳水化合物的零食來振奮他們的大腦。

文化衝擊是雙向的，尤其在孩子出生以後。比如德國人對冬季裝備有種強迫症，雅娜會幫女兒套件保暖緊身褲、羽絨服、防風外套再穿雙羊毛靴子——包得密不透風；可是等到孩子帶出門，驚慌失措的換成美國爸爸，他們普遍都有幻想症，除了嚴禁女兒拿取陌生人的聖誕糖果，還堅信綁票案到哪都有可能發生。

雅娜當然覺得當爸爸過於緊張了，她告訴格雷：「女兒都要 5 歲了，如果你想要讓她獨立，就得讓她去面對各種挑戰，去付出成長的代價。」可是看著依文無厘頭行徑——好比閉氣在游泳池要當一隻水母，遲遲不肯浮出水面——他忍不住就會大喊：「見鬼了，雅娜！妳在美國怎麼可能看到這個！？」

我們不時還會聽見樓下在大小聲。今天是依文把倒數日曆一次挖開，直接過完整個聖誕節。隔天是她在這種冷死人的季節，堅持要穿條短褲。

到了這禮拜天，父女之間的恩怨情仇大概來到最高點。伊文在客廳穿著鵝黃色毛衣跑來跑去，起初音量不大，但蹦蹦跳跳也夠張揚熱鬧了；雅娜倒氣定神閒在火爐旁閱

讀，半分不受驚擾；只是格雷正需要安靜，專心做那 100 個陶杯，這習慣從他在日本當學徒便沒有一天懈怠。

小孩子想找人玩很正常，找到後就自己搭戲臺子，高聲喧鬧；格雷耐住性子安慰，可是依文戲裡戲外，頻率沒對上，直接放聲大哭，那哭聲是種誣告，像被整個世界給遺棄的那種誣告。

最為難的是，孩子跟戲子都有真假難辨的共通特性，你摸不清這情緒打哪來，自己又犯什麼事，足以讓她掀起衣角啜泣拭淚，然而她露出的那白胖肚皮，不就鐵錚錚證明，為人父母寧願折難自己，也從不願意虧待孩子。

在這節骨眼上，你若放任她便成惡俗，若置之不理又成惡人。雅娜只好嘆了口氣，把書擱下，走進工作室捏起陶來。伊文見有伴，衝過來到處瘋玩，這下櫃子地板到處都有她的手印，黃小鴨轉眼變成泥小鴨。

我覺得格雷此時真的放棄了，他肯定覺得這是某種月圓之夜。畢竟孩子母親非但沒有制止，還將女兒一路捏玩的陶物，準備認真給燒出來。其實，雅娜唯一從旁在做的事情就只有觀察：女兒真正想做的事情，她和孩子建立感情的方式，多半是讓孩子陪伴自己。

她反省，孩子會有這般心性，也在於雙親給予過度的自由，同時又給予過多的保護，使得孩子接受到的訊息很錯亂。德國教育要說跟美式教育最大的不同，便在於父母重視孩童個體發展的同時，也得培養同理心；所謂獨立不代表自私，個體對他人、包括自身父母也要有平等意識。

　　雅娜為讓丈夫好理解，稱其為「比薩教育」。作法著重全家人身體力行，嘗試讓孩子參與大人的生活，透過決定配料（練習抉擇，也包容他人的選擇）、幫父母切顆番茄（融入群體與分工合作）、一同做比薩（找到自我身分與完成計劃），提升自信，逐步變得更加成熟。

　　說起來簡單，做起來難。但雅娜認為姑且把這些過程，理解為親子之間轉瞬即逝的相聚時光，便會生出耐性，生出軟呢語氣，這對大人的價值觀以及修養，無非也都是雙向的學習。

━　━　━　━

　　這數十年間，童年已然不可避免地，在不同世代人之間改變。當年我媽的舊識長大後成了教授、公務員或包租婆，我當年的同學如今都成了斜槓、創作者或靠父母養的米蟲。

我跟我媽之間若有所謂朝代的分野，那大概從她的晚期，我的早期，我們都進入數位時代。這改變我們的生活很多，記得我小時候被叫做電視兒童，我媽處理的方式很溫和，就是她自己也別再看《太陽花》，整台電視直接送人。

現在依文是平板與手機兒童，如果都送光那全家大概都與世界絕緣了。

可是她愛看手機的問題實在很嚴重。這多半是因為格雷平日拿播卡通當鎮定劑，久而久之回不去。但依文並不孤單，全球孩童平均每天花 6 小時滑螢幕，這已然不是個母親就能輕鬆解決的問題。

最近雅娜正努力嘗試讓孩子回到現實生活。她認為最好辦法，便是幫助孩子從線上娛樂，到實際生活去體驗樂趣。好比這天我們帶著伊文，選她用不到的童書去參加聖誕交換禮物。說起來現場真是鬼哭狼嚎，不少臨陣脫逃，抱緊書本怎麼也不肯放的孩子——但雅娜顯然對此游刃有餘，她在伊文還小就每天陪她同桌吃飯、學習社交禮儀和建立人際關係，按照她的說法：「當孩子懷裡抱著名為安全感的玩偶，她又怎麼捨得放下，再去抱其他東西？」

哪知道等到我們回到家，伊文又再次黏著爸爸討手

機。雅娜也不生氣，她說哪個德國孩子童年沒有餅乾的香味？因此決定用美食去誘拐自己的女兒，也順道誘惑了我們。我們花一下午做出來的薑餅人，香氣四溢，感官絕倫，就像個古銅色肌膚的吉普賽女郎，在冷冽冬季裡用熱巧克力去盛滿浴缸。

另外我們還做了些曲奇餅乾，因為奶油用得夠多，所以好吃得要命。只是這麼美味的日常小點，父女倆竟然不領情，雅娜揮揮手要我們別在意，到底美國人是憂患意識極強的民族，總會希望人生的糖分再多一些。

好在截至目前，依文至少有 6 小時沒碰到數位產品，一切還算順利。傍晚輪到爸爸出招，他和伊文興致勃勃走進冷杉林，挑棵看起來夠直挺的「新鮮聖誕樹」──通常會讓樹幹切口保持吸水功能，帶回家底部澆些水，不吹風不放暖爐邊，活一個月都沒問題。

傳統上德國人會把樹藏在房間，到 24 號給孩子個驚喜。但雅娜另有他想，她希望女兒能去照顧聖誕樹，讓它從掛著酸黃瓜燈飾的歡慶植物，一路綠油油到成為大象的食物。伊文想來很喜歡大象，她為此挑了很大棵的樹。

待父女回到家，鄰居已送來兩隻大火雞。格雷打算提前用鹽巴醃成乳白色外皮，再找來平紋紗布塗抹奶油，覆

滿牠兩側豐滿乳房和勻稱雙腿，以確保烤來多汁豐腴。

　　會需要買到兩隻雞，是因為他從不介意在聖誕節後吃整個月的火雞三明治。但雅娜習慣為了一頓巴伐利亞早餐而早起，所以他體貼提前剁碎培根與小牛肉，喚來女兒幫忙添些檸檬、歐芹和草藥，兩人同心協力灌些白香腸；之後早上雅娜只要熱水燙煮、簡單煎過搭配小麥啤酒，就能在丹麥吃得跟在德國一樣。

　　只是雅娜看父女倆在廚房待這麼久，尖叫聲此起彼落，不免有些擔心，但她仍打起精神和大夥交換眼神，露出「安啦！」表情；誰知探頭一看，這滿地荒唐肉，數把落地刀叉，做父親的正一籌莫展，像他的眉毛攤在餐椅上。

　　這下難得雅娜也面露疲態，親子之間也能無話可說。伊文見大人們進來湊熱鬧，她一股勁褪去那彷若被施咒、一穿上便看不見光明（光明許來自燦燦螢幕），還禁錮她9小時的毛衣。

　　光潔赤裸如她，在解脫之後，咯咯咯笑聲傳遍整座廚房、整條長廊、眼看要傳到了門口，她奮力看見曙光，急著用那最後一絲力氣，奔進我懷中，抬頭微笑如天使燦爛，大喊著：「Jade，我要妳的 iPad!!!」

在這個家裡，
每年輪流過德國和美國的聖誕節，
今年輪到格雷來烹調火雞

Madame Gretha Hansen

丹麥辛代爾
聖誕樹農場經營者 瑰蕾塔

我做的不是什麼大生意
但是一門會讓人幸福的事業

世界上最疼愛自己的父親在聖誕前夕離開,她選擇在傷心的時候種一棵聖誕樹,如今這座園林旁還有間小木屋,每年 11 月都燭火通明,村裡的父母都會帶著孩子來到這裡,帶走聖誕樹的同時,也種下另一棵樹,讓孩子從小學習如何面對逝去、保存和重生。

丹麥聖誕文化
傷痛之前人人平等
聖誕晚餐

每個禮拜，從雅娜家門口一路向東，走個 40 分鐘，便能到達最近的超市。附近居民常來這買些黑麥麵包和醃漬鯡魚，他們還會一起徘徊在日用品通道，就為了挑選和氣氛相襯的蠟燭和餐巾紙。

聖誕期間，我總喜歡坐在長凳和這群臉頰紅潤的丹麥人，品嚐奶油餅乾和佳釀。

誰能料想每週來這晃悠，緣分也能來得不可思議？那天我待得太晚，一位大叔敲著窗，提醒我北丹麥下午 3 點天就黑了，趕快回家。我沿著路幅寬廣的馬路快步走，遠遠看見有間小木屋正好亮起燈。

當時瑰蕾塔燃起燭光，埋頭用杉樹葉和槲寄生編織著花環。我見天色暗沉，衣袖灌進冷風，可她屋內不但溫暖，還擺著花材，於是我走進屋裡討杯咖啡，遲遲捨不得離開。後來瑰蕾塔跟我說，偏遠小鎮人本就不多，門外突然出現一個黑髮女孩，還面色蒼白站在門外，她一度被我嚇到。

也就在小木屋旁，一望無際的聖誕樹正在生長。我好幾次沿著河堤都未曾察覺那晚的陰森大樹，便是英國王室每年都帶進客廳的高加索冷杉。聽瑰蕾塔說，她和丈夫奧沃過去長時間都待在哥本哈根，自從 30 多年前父親在聖誕夜過世之後，他們便移居來此，成日和鳥禽、湖畔與大

自然相伴。

　　作為一名獵戶，奧沃對於獵人該具備的技能向來很感興趣：無論是自製鹿肉乾、幫狐狸除毛，還是設計歐洲獵犬專用的配件。然而他也是個柔情的男人，這些年為了陪伴妻子走出傷痛，只要她傷心，他就種樹，種滿一天、種滿一年、種滿一片，從大屋子望出去皆是蔥綠。你想，人類壽命不過百歲，但這些樹卻能活過數百年。

　　為了讓生命得以延續，奧沃還鼓勵妻子將園林開放給附近居民。從此每年 11 月，小木屋會點燃燭火到聖誕夜，村裡的父母都會帶著兒女來到這，帶走聖誕樹的同時，也種下另一棵樹。

　　慢慢的，孩子們的笑聲驅走蕭瑟，大家津津有味地聽奧沃講解：每棵能長成一百八十公分的聖誕樹，都得養上七、八年，它們的葉子分布幾十萬顆微粒，能夠捕捉人類無法察覺的紫外線。當冷杉年老衰敗，它還會從樹根長出嫩芽，自我繁殖；這種天生防禦絕種的機制，讓它成為地球上最古老的樹木之一，也就從冰河時代結束以來，有些杉樹到現在還屹立在那，遍布整個丹麥和斯堪地那維亞。

　　當你摸到一棵真正的聖誕樹，大概會跟我同樣錯愕：「啊，原來就跟塑膠的感覺差不多！」因為實在硬得不像

話。可挑選聖誕樹最大的樂趣在於你把幸福給召喚出來，再把它給打包回去。奧沃會將整棵冷杉根部朝下，葉面朝上放進像巨大傳聲筒的不鏽鋼架，另一邊先給套上白色網袋，再用力握拉整棵聖誕樹，裝成像新鮮剛採的山苦瓜。

在北丹麥，這些樹帶回家絕非作為季節性的裝飾品，反倒是終年得用的綠材，也是一種天生自帶淨化的植物；聖誕節後，無論把樹幹製成家具或碗盤，它都會持續像活著般吸收二氧化碳。

傍晚，瑰蕾塔便用木盤盛些鬆餅球招待大家。這內在蓬鬆柔軟的聖誕糕點，很像臺灣的雞蛋糕，聽居民說是以前維京人遠征英格蘭，士兵沒帶炊具，便把凹損的盾牌抹點油置於火上，倒入麵糊烤成了鬆餅。

我們在門口堆好石塊燃起柴火，那些不惜雞蛋用量的甜香麵糊，一倒入鑄鐵盤就吵啦作響，人們聞香紛至，聊起明天聖誕午餐要吃些什麼，但更多人表態不願被節日給追逐，尤其是那些有點疲累又熱情好客的家庭主婦。

大家飽暖一頓後，丹麥父親忙著將聖誕樹扛上車，他們表情滿足且喜悅，但更多的是如釋重負。孩子跟在後頭興高彩烈的，哪裡知道大人內心對現實生活的盤算：從現在開始，他們人生要幸福整個隆冬，可到了 2 月，多數人

都會拮据到惶恐。

但丹麥人努力成這樣，不就是為了證明這世界上除了工作、財富，還有跟家人的暖聚時刻，值得用一生去守護。正如瑰蕾塔所說：「我做的不是什麼大生意，但是一門會讓人幸福的事業。」

這段時間，我也總忙到天黑後，才尋原路走回陶藝坊。沿著河堤，晚風清朗，雪地像銀河，我幾回走在星光燦爛，內心已經沒有那麼慌；有時遙望北極星，只覺得我從未那麼理解它。以前總覺星星為世人指引方向，而今倒感念它在漫長濕澪的冬日裡，為世界帶來一些光芒。

— — — —

奧沃聽我在格雷家吃火雞，也邀我到他家嚐野鹿。丹麥人赴宴最重要的禮節是準時，我在雅娜家已經見識過，晚上 7 點的約，哪怕外面冷得牙顫，一群丹麥人依然提前 20 分鐘停好車，準備時間一到，就來按門鈴。

「時間」對丹麥人確實很珍貴。有時候我在這交不到朋友，不全然因為我是外國人，反而是他們覺得時間有限，朋友也得限額，以妥善顧及每個人的感受。甚至在社交場合，他們對於所謂的「成功人士」也保持觀望，隨著你在

公司的頭銜越高，丹麥人只覺得你肯定花很多時間工作，卻很少樂意和家人朋友待在一起。

我來到奧沃家，走的是過於早到的路線；奧沃看起來很高興，因為他招待賓客也走一種竭盡全力的風格，卻不是法國那種講究——裝飾得很多，但能吃的東西很少。他喜出望外地收好我帶來的香檳，便先帶我走逛美麗後院。那裡有一整排的房舍和兩尺高圓爐，一塊巨大無比的木頭正在燃燒，好將熱氣傳送到地板與屋樑。因為火爐除濕效果奇佳，房舍一間讓人晾曬衣物，另一間拿來風乾肉條。

從後院走回廚房，料理台已多了塊鹿脊肉。瑰蕾塔挑這部位的好處，在於不帶肥油和難以咀嚼的筋膜，她擦乾鹿肉，只用鹽巴與胡椒調味，再用培根蓋在表面，就這樣烤 90 分鐘。她說：「妳唯一要做的只有在給鹿肉淋上紅酒前，不忘先給自己倒一杯。」

丹麥人血液酒精含量向來都很高，他們從小都吃過將黑麥麵包碎屑跟啤酒和煮的嬰兒食物「黑麵包粥（Øllebrød）」；政府法規則明言年輕人 16 歲可以飲酒，做父母通常沒有立場說什麼，因為他們年輕時也喝很多。

奧沃為此造了座酒窖，當我們走下旋轉梯，鎢絲燈一開，眼前空間約能容納三四人，溫馨盎然，案上還擱著兩

獵人烤鹿鞍 |
以 250 度預熱烤箱,鋪洋蔥在烤盤才不會黏
肉。3Kg 鹿鞍擦乾用鹽、胡椒塗抹,培根覆
蓋以免肉質過乾,烤 5 分鐘。然後倒些鮮奶
油和紅酒在鹿肉上,160 度再烤 90 分鐘,不
時澆淋肉汁到表面金黃。剩餘肉汁加熱,依
序用麵粉、鮮奶油、紅酒與紅醋栗果醬,調
成美味佐醬。

人結婚的紀念酒，可見夫妻倆時常聚此酣談。

有趣的是石牆後邊有道窄廊，連接地道深處的糧倉。據說瑰蕾塔和奧沃都是戰爭底下出生的孩子，小時候很窮又來自社會最底層，奧沃聽父母之言，成了麵包店學徒，他辛苦好幾年，體會到要成為優秀的烘焙師，得先懂得面對時間的壓力，可是他後來綜觀整個人生，這種壓力時常都在發生。

他和瑰蕾塔相愛 40 多年，無論財富還是心裡餘裕全靠自己掙來。這座糧倉無非是慣性的有備無患，和年輕人慣見的及時行樂，顯然無分臺灣還是丹麥，都是兩個世代。

不過深入了解會發現，我們彼此之間還是有很大差距的。丹麥父母對孩子的期望是快樂幸福，臺灣爸媽也這般希望，但會告訴孩子，追求幸福的前提是要擁有一份好的學歷和工作。

基於每個國家福利規格本就不同，他們說的未必有錯。但回歸本質，丹麥這個社會福利國家鼓勵人們去共享，而非相互競爭。競爭會產生角逐心態，我拿得多，你那邊就少；共享則是讓彼此都有足夠發展的空間，大家都會很好。

＝ ＝ ＝ ＝ ＝ ＝

從眼前滿儲的美酒（也包括奧沃自釀的愛爾啤酒），
任人都能看出這頓晚餐意義非凡。夫妻倆除了用冷衫葉佈
置餐桌，便是將蠟燭運用得極為透徹，屋裡屋外，燦燦亮
亮，我整個人像住在一顆水晶球，雪花紛揚。

丹麥人吃飯講究，偏好走全套，前菜、主菜、甜點是
基礎架構。但瑰蕾塔待客多求隨心所欲，既不追求繁複的
佳餚——例如今天前菜是玫瑰燻鮭，顧名思義將烤麵包抹
些乳酪，把鮭魚捲成玫瑰狀用根牙籤固定——也不熱衷參
閱食譜，她說那頂多是初為人類（而非人婦）的練習範本，
長此以往只會圈住一個人的創造力。

奧沃還說：「她是那種菜做壞了，就乾脆把燈光調暗
的女人。」

瑰蕾塔認為在家做菜不是表演，若舞台感太重，嚐不
到烹者的心意，那不單可惜，也容易教人膩。她私心認為，
那類戲劇效果十足的佳餚，何不交給餐廳專人去處理？

這數十年來，她覺得丹麥女人的社會地位是不斷蛻變
的。過去傳統婦女，偏向義務性負責一個家庭的兩大慶典：
生日和聖誕節。光挑後者來說，通常得在三週前備料，忙

著製作代代相傳的糕點、果乾蜜餞、杏仁軟糖和油炸餅乾；聖誕午餐基本得置辦「豬肉的一百種人生」，烹調厚切火腿、蘆筍肝派和烤蘑菇培根都無可厚非，總之都是跟豬有關的這些那些。

等到家家戶戶夜晚唱著頌歌或跑去教堂聽爵士樂，她仍得忙著將蘋果塞進烤鴨肚裡、在灶炕邊發酵麵包、還得揉起豬肉丸子，丸子要煎、馬鈴薯還得用焦糖和炒，簡直忙得不可開交。

隨著時代進步，許多女性不想再繼續過這樣的生活。對她們而言，每個人都有各自理解生命的方式；如果一個社會裡，人與人之間是平等的，就沒有誰該替誰服務的道理；同樣地，一個女人要去跟整個社會談平等，那就不用去期待男人會替妳拉開椅子，又或脫下外套為妳遮風避雨。

而今在丹麥，若想做個稱職的主人，並順利進行一場聚會，她覺得最重要的是你要真的喜歡人，你的菜才會被人喜歡。如果平時就不愛跟人互動，對人來人往特別有潔癖，其實完全不用勉強自己。因為當下廚變得光想就累，你會缺乏動力，還會把一切怪罪到你邀來的那些客人。

說到底，這頓晚餐之所以沒有壓力，在於她樂於傾聽多於訴說，柔聲細語的，彷彿在丹麥這個以安靜聞名的國

家、這片沒有山脈的國土裡，扁平化社會意味著沒有誰能夠大聲說話。你會覺得我們都聊得很愉快，可是從頭到尾像看默劇般，幾乎聽不見刀叉刮動餐盤的聲響（這樣描述顯得有些誇張，但跟在臺灣時相較起來，我以前簡直吵死人了）。好不容易壓抑到甜點，我才忍不住驚呼起來——那是交織香草牛乳、鮮奶油與碎杏仁的米布丁啊！

我驚呼是因為《春膳》這本書把它描繪成男人的射精，內心澎湃早想一嚐究竟。基於我媽會看到這段的原因，我無法直接去承認像或不像，至於味道如何？你在品嚐前得先淋上暖暖的櫻桃醬，美味極了。

隨著波特酒上桌，這頓晚餐也差不多來到尾聲。只是我們幾杯黃湯下肚，嗓子才算全開，於是聊得特別晚。人茫了的我，後來記憶便起了霧；可仍依稀記得這天月亮看起來又大又滿，照耀那些不知心之所向之人。

說真話，在這一心想要離家高飛的年紀，我內心不斷想要尋找的東西，不是暢銷書中說的「自己」，也非心理學者說的「安全感」。我想要更不帶罪惡感的、去幸福的能力，這都歸因於從小不斷接受給予的我，並不盡然懂得如何給予；這點是我由衷缺乏自信的原因。

　　但在瑰蕾塔身上，我發現這一切都不用太費力。她對世事百態的平靜坦然，體現於一種價值觀：面對傷痛所有人都是平等的，這世界每天都有人在面對失去，但也每天都有人找到幸福。

　　她在發生許多事情以後，對幸福的理解是一個人要有勇氣，去接受已經發生且難以逆轉的事情，並使自己免於去重複經歷傷痛，留著那力氣在灰燼之中，找到希望，找到人生賦予你繼續前進的使命。

　　我的體會是如同童話中女孩賣的那盒火柴，丹麥人無論遭遇大災大難，也總樂於拿起一根光亮，朝世人去點燃它，去證明在那之後，他們是多麼不願意讓「任何人享受幸福」的這項權利流落街井。

　　而這一切，仍不用太過用力的，單純地發自內心，單純地將他人放在心裡。

牆上掛的鹿頭，記錄奧沃獵人的生活

瑰蕾塔喜歡餐室多些植物，
為用餐氛圍注入生命

Madame Mary Middleton

英國布萊頓
退休特教老師 瑪麗

會做菜不一定能挽回丈夫
但擁有一台洗碗機卻能拯救婚姻

和丈夫相識 20 年，彼此都經歷慘烈的前任婚姻，卻在 60 歲時共度二春。他們回顧人生，展望未來，呼籲大家退休後除了要當志工、去旅行、搞劇場，更要談場戀愛，畢竟未來日子會長到讓你難以想像。

#二婚家庭
#婚姻溝通
#退休生活

很早聽聞歐洲海關，就屬英國最為刁鑽。但沒想到我準備的那些旁門左道——什麼更改機票回程，還是無痛飯店退訂啦，眼前官員看都沒看，他說聲新年快樂，便大門敞開。進來後，我只覺得倫敦冬季無情，像一筆欠下銀行的爛帳。他們會凍結你的存款，還會讓你焦慮到缺氧。好不容易熬到跨年隔天，到格林威治公園慢跑，人鬼殊途的，就看見一群喪屍酩酊爛醉地走在街上。

於是我新年過完，便訂好巴士票，學英王亨利四世當年避寒的作法——南下布萊頓。在來之前，朋友和我預告這裡是全球聞名的同性戀之都；但我觀察，這座海濱城鎮對流浪漢而言，更是座最人性的博物館。

理由是你在英國得先有住所，才能找工作，這種條件誰都有可能走投無路。但這裡的流浪漢，不像早年東倫敦被遺忘的多爾斯頓（Dalston）——黑暗幽閉，腐霉遍地，流離失所的人們，倒頭睡在胡同巷弄，忍受身邊傳來妓女的攬客笑聲。

他們特別潮，特別喜歡就地取材築巢。無論將座椅堆疊成樓梯、劇院紅幕拿來掛在廢棄車庫，還是蒐集奶粉鐵罐拼做餐桌——宛如他們在歐洲各地流浪後，選擇要在布萊頓定居，率性拿出口琴或畫筆，訴說一段人生的際遇，日子久了，便成為當地特有的風景。

說來無論從經濟條件，還是心靈狀態，我跟街友其實沒有多大區別。以前我總會冠冕堂皇說身為一個筆者，我蒐集的是靈魂資料庫，如今這個作家凋敝的年代，我不過是個撿破爛——搜遍垃圾堆，就為挖掘出那點價值，就希望有人認真看待。

　　為了要感受「帶有危機意識入睡」是什麼樣的生活？我把《窮中談吃》和《如何煮狼》當作乾糧，嘗試睡在街頭。這幾日夜晚風颼颼，人來人往腳步雜沓，酒瓶隨性丟在地上；可能因為不用繳房租吧，我內心沒有壓力，因此睡得特別香。

　　但凡事都有意外，又或者說都有驚喜。那日我僅憑街友相傳的「朝海邊行走 20 分鐘，有個黃瓦白牆點心舖子續行數十來步，見岔路彎進小巷」，便攔地盤就定位了。那是兩面高牆的都市荒灘，正當我姿勢喬好舒坦，忽聞一聲：「爸，你在哪裡？」我怎麼可能知道她爸在哪裡，倒頭打算繼續睡。

　　沒多久，女孩淒聲再次傳來：「爸！你到底在哪裡？」緊接玻璃碎裂聲，聽起來緊靠窗櫺，我猶豫要不要報警——擔憂家暴無分國界時有傳聞的，便聽見有人高八度喊：「卡！」我這才回神，原來是在排劇呢。

也許是未知教人緊張刺激，也許是我從小渴望逞英雄，卻沒那膽子，我繞過高牆，兀自敲門。喊卡之人前來應門，著實愣會，待我表明關心，她順水推舟向我介紹，這齣戲5月將在布萊頓藝術節演出，劇名就叫《Dancing in the Dark》。她說這些年，藝術劇場普遍鎖定民眾家中，說是方便大家來賞劇，也賞老宅風景。由於能夠大大方方登堂入室，扮演一縷孤魂（他們演起戲來對賓客視若無睹），這種合法偷窺的娛樂性，也增添這項藝術活動的樂趣。

喊卡的人叫做瑪麗，她邀我進屋喝口茶。我一點都不意外這裡能作為劇場，這座愛德華七世時期古宅，紅磚白牆確實迷人，玻璃屋這麼難整理的發明在她家也有；戶外那座寧靜花園，由於孫女同住一屋，還有鞦韆在那晃來盪去。

聽她丈夫羅傑分享整齣戲，唯有一處不對外開放：他的紳士房。我之所以能走進這間房，是因為羅傑在學鋼琴，琴擺在這房裡，我以琴會友到哪都受歡迎。

紳士房也用作書房。羅傑攬卷無數，將琴取名伽拉忒婭，典故來自希臘王子皮格馬利翁，此王一生不近女色，獨獨鍾情自己雕刻的女雕像；就為了這沈睡的小美人，羅傑在她的斜對角，還佈置張玫瑰色沙發。

這日基於禮貌我沒有久留。很奇怪，夜裡回家卻不斷做夢；我夢到一路上不斷跟歐洲人解釋，我們是 Taiwan，不是 Thailand；夢到我在諾曼第牛糞淹腳目，夢到在香檳農庄燒葡萄枝取暖，夢到丹麥聖誕樹在手裡的觸感，最後我躺在布萊頓海灘，海灘全是鵝卵石，像公園樹蔭下健康步道，躺起來肉體受罪，心底發涼。

隔天醒來一看，拿來當枕頭的背包，掉出兩包我媽藏的烏龍茶──硬得跟什麼一樣，真空的。

再次拜訪瑪麗家，大家都在找：蛋在哪裡？復活節是迎來大地回春的日子。在心懷慈愛的英國人家中，小孩仍扮演療癒天使；具有跟狗玩在一起、刺激爸媽就業動力的作用，必要時，他還是能搞定家庭失和的靈丹妙藥。

這天，羅傑剛從外頭回來。他脫去大衣，走進餐室，幫瑪麗攤開舊時代的桌巾、端來斯波德牌子的青柳磁盤，沃特福德水晶酒杯拿出來擦拭兩下又放回去；瑪麗可能覺得他這動作很無謂（姑且是某種男人特有的瑣碎行為）──皺了眉頭；只是她跟羅傑都是再婚到白頭，她知道有些話，再不愉快都得吞回喉嚨。

接近正午，她把連通花園的門敞開，緊接打開地板暖氣，這充滿矛盾的兩件事兜在一塊，就成了魂不附體的徵兆；她從雜貨間找出張揚的掛飾，張羅那些應景的瓷釉茶杯、十字麵包和復活蛋；兩人忙完，默契恰好地坐在沙發，靜靜等待，無話；再喝口茶，還是無話。他們是真的不知道該說些什麼。這對於兩個過去專門輔導像大廚奧利佛——這類語言障礙孩童的退休老師來說，很不尋常；表達和傾聽可是他們的強項。

過沒多久，瑪麗耐不住又起身走動了，她將兔子玩偶禮盒打開，塞滿細刨花，塞多塞少抓不准個數，她懊惱今天的美感特別失靈。羅傑望向時鐘，看向手錶，他一會兒站，一會兒坐，最後走進一道門，一間臥房試圖佯裝成牆壁的那種門。過沒多久他又走出來：「不然我先來準備沙拉？」

瑪麗用眼神表示同意，凡事總得有個起頭，對吧？這是她和羅傑結婚十多年來，第一次雙方和前任伴侶所生的兒女，要來同桌吃飯。

那件事發生在他們剛退休的時候。起初，倆人各自都想掙脫資本奴役的身分，也想擺脫忍受許久的配偶。說起來一切都還算順利，你年輕時離婚人家會說莽撞，你望七望八這麼做，親友會說你肯定認真想過。何況他們都情有可原，羅傑前妻是個控制狂，瑪麗前夫是頭沙文豬，無論

男女，婚姻都有船到橋頭自然觸礁的時候。

　　但一切難就難在，孩子無辜。它有一種悲傷是婚姻在骨肉長大成人前，便已凋亡；過去與摯愛所擁有的結晶，當愛情消逝成了會呼吸的遺骸。

　　這些年，瑪麗和羅傑試圖讓孩子理解：一個家庭的完整不在於家中有哪些成員，在於身為父母要教會孩子仇恨，還是愛。 這場復活節大團圓，說白就是成果展，努力這些年，消磨多少恩怨，都為了今日的相見。

　　眼看時間差不多，瑪麗決定燃起更多蠟燭，藉此表達由衷的溫柔。她登上二樓，確保每扇門都敞開，像對自家人般從無秘密。

　　當鈴聲響起，羅傑立刻從廚房來到前院。瑪麗則跑去確認一下燉牛肉好了沒有；這道菜說起來簡單又省事，她大可躲在廚房做些繁複菜餚，讓自己無暇去面對殘局；可她邊打開鍋蓋，內心期待有所轉機，無論哪邊的孩子，她都打算視如己出，前緣再續。

　　幸虧這燉牛好歹也熬了 10 年，事情如她祈求的順順當當；此刻大小孩子過起復活節，都是童心未泯，光找彩蛋都是一副興高采烈的樣子。待午餐進行，兒女暢談親子

教育，也交流婚姻經營，這種感覺瑪麗前所未有，孩子長大了，對話如此成熟；當年在前段關係掙扎的她，曾經無法給予什麼忠實建議，頂多只能分享摧毀過什麼。然而，今時與往日不同。她看見自己過去心神不寧的影子，她會在保有尊重的情況下力挽狂瀾，前提是確定孩子沒做什麼道德堪慮的事。

　　她以自身經驗，半幽默對女婿說：你若想找到像我過去那樣「犧牲自我，成全男人」的傳統女性，這 15 年內差不多都要絕跡，如果哪天在路上找到，還請你別忘記過去合照，並把她放進博物館裡。她發自肺腑，坦誠婚姻長久，仍在於培養共同興趣。過來人都知道，照顧孩子肯定不會是共同興趣，照顧狗才是，烹飪也可以，只是在這年代，會做菜不一定能挽回丈夫，但擁有一台洗碗機，卻能拯救妳的婚姻。

━　━　━　━　━

　　我觀察羅傑夫婦的退休生活，他們的共同興趣，除了每晚固定手牽手散步、每週固定面對面跳舞，還會找一天共同料理燭光晚餐。我問他們如若婚姻都是這般用心經營，哪有走不下去的道理？

　　瑪麗告訴我，這可能是因為退休後再結婚，會有種婚

bar

那些做自己的女人，和她們的餐桌

096

後才開始談戀愛的感覺。在這個階段，兩個人都經歷過大風大浪，沒有太多情緒，更多的是珍惜。如果想將珍惜提昇到激情，那首先得幸運找到有共同愛好的伴侶、雙方身體狀態都不錯，還有足夠財力過上舒適生活，那麼毫無疑問，退休是第二人生的全新開始，也是每個人重新成為「孩子」的絕佳機會。

瑪麗的慢燉牛肉｜
烤箱預熱 160 度，將防風草、馬鈴薯與洋蔥切塊，和牛小腿肉放入燉鍋，倒入牛高湯，灑鹽拌一拌，秘訣在於珍珠麥增加口感，蓋鍋前鋪鋁箔紙，熬煮 6 小時，收汁到近乎濃醬的程度，最是完美。

只是談到一起做菜這事，我在瑪麗面前，坦言每回看見英國超市猖狂的冷凍食品，都不禁想起烙下我內心陰影的打工經驗。

我當時老闆來自巴克頓，是個會把海綿蛋糕買來，在盒裡劇烈搖晃後，裝在盤裡，聲稱是自己親手做出來的女人。她和丈夫的爭吵互鬥不是一兩年，但她三不五時驚聲尖叫，也時常搞得我頭痛一整天。

那段時間，每個好好的週末早晨，都會因為她陰晴不定的脾氣毀於一旦。更別說她那奇葩黑暗料理，隨手便能將不列顛的牛肉派，烹調成衛生棉夾著肉燥罐頭；鰻魚凍做得像死了六百年的老鼠標本；這些還不是最糟糕的，我們的員工餐是吃不完的土豆泥，同樣的分量她也裝在狗碗裡。

你幾乎可以說她代表英國，跟所有外籍勞工結下樑子。

走出她餐廳的每個人，都會深信英國是片美食荒原，也會堅信在這，若將自己成為託付給廚房的信徒，那四處都可見她這般守著蠟油錢的牧師，她註定離不開自我感覺良好的廚台，且仍會故作虔誠地鋪排一頓英國風味的冷凍彌撒，告解自己不是絲毫沒有優點，至少她曾經用馬鈴薯大開世人的眼界。

面對這種深惡痛絕的成見，我自認是沒救了。可這世上也唯有少數如英國人，會以個體代表全國向他人致歉。瑪麗表達感同身受，請我給她機會做一回主人，讓我成為她衷心喜愛的客人。

但我從這客套連篇的話語，讀出更為真實的短箋：她巴不得想去證明，在這個烹飪行將就木的年代，不列顛飲食正在振翅飛展。

這段日子我們常常見面，她將我當孫女般，親自帶我挖掘當地青銅火雞、無麩質香草肉腸，還有像披著棕色夾克的蘇塞克全牛。這些有機肉舖，無疑是漢娜格拉塞（Hannah Glasse）所代表美德與至善的本源——要知道英國美食在她之前，多為茄科燉菜和捲心菜湯，在她之後才找到雜食性人類的榮光。

不僅如此，她和羅傑不辭辛勞，帶我前往外表老舊，可富有人情味的雜貨店採買。轉眼又帶我見識新生代重掌家業，耗資將老店裝潢得美輪美奐，讓任何人走進去，都會親身見證那股氛圍化成一種名為氣質的香水。

也就在這熙來攘往的街區，北萊恩（North Laine）最為瑪麗所津津樂道。那裡林立許多古怪奇趣的商家，我見過風乾松鼠、巨型頭顱蠟燭、海底生物的組織切片，和整

間用書本雜誌堆砌出來的咖啡廳。

偏偏就是在這樣的所在，暗藏最美妙的獨立素食店。那些山珍野菜雖賣得貴些，可總有些本地食材出奇不意吸引你的目光，比方外表很像老薑的菊芋、克里曼丁紅橘、多爾切斯特黑蒜頭，還有裹層赫布里群島海藻的羊奶乳酪。

除了這塊像抹茶的乳酪，還有蕁麻口味在這也可以見得，事實上在布萊頓永不嫌多的起司舖也都能見到，只不過更多在北萊恩，你遇見的是波西米亞氛圍的街道、讓買菜成為一種陶冶的獨立藝廊，以及超乎想像好客的人群。

回頭羅傑還翻開書，直指歷史告訴我，每當殖民一個國家，殖民國不免被當地的美味所俘虜，好比印度便讓不列顛人，愛上又酸又辣的咖哩烤雞。

在過去 30 年間，英國人也發揮高明的物流通路，從各方廣納國際特色美食，且逐步發展內陸的飲食風情；舉凡地區特色菜「pie, cake and bun」三大類，好比蘇格蘭羊肉「餡餅」、艾克斯「蛋糕」、巴斯「甜麵包」，早已取代遊客期望的美食——烤牛肉、奶油司康和炸魚薯條。

最近夫婦倆還跟人家趕時髦，網購訂來食譜料理箱，只要人在家中坐，最新鮮的農場食物，以及名廚烹調秘技

便送到家門口。這項服務推出之後，顯然讓每個女人都有能力在家剝個洋蔥，都像在輕解羅衫；也讓每個男人都有本事把火轉開，便能興起妳胃裡的乾柴烈火。

不是瑪麗要說，現在哪怕烹飪新手，想要做出一桌好菜也不足以大驚小怪。創新分子料理也好，傳統古風佳餚也罷，如今英國都像是一幅囊括遠東、波斯與大洋洲的飲食地圖，浮現在世人眼前，讓人們的思想——遂而為尋索世間美味，展開靈動的翅膀。

而這些不過都是夫妻之間，百無聊賴之時，最輕而易舉的消遣，卻傳達家庭生活的重要核心：食物的生產和創造。瑪麗私心認為食物連通腸胃，也連結心靈；坐在餐桌旁和家人一起吃飯之所以重要，更在於每個人都值得擁有一份歸屬感。

回過頭來，她和羅傑選擇在 60 歲再度成家。家對他們而言意義不同以往，年輕時「家」意味你出生的國家，長大後或許是你成長的村莊，但回顧前程，莫過於深愛之人與你同在，你覺得就算未來日子再長，也能感到充滿活力、保有自我且樂趣無窮的地方。

因為老媽做菜太難吃，她老早認知女人沒有非得要懂得做菜。作為英國享譽針織藝術家，她從小就讓各式各樣細針成為她的鍋鏟，各色各樣毛線作為她的食材，在針織世界裡，她找到獨樹一格的烹飪風采。

就是不想做菜那一派
針織美食
外食主義

我在想，我會那麼喜歡布萊頓，是因為我來自環海美麗的臺灣，我們之間無論從服務至上還是物產豐饒來看，都是體貼吃貨的樂土；但究竟為何在近幾年，這濱海之境會掀起移居潮？套句我最近認識的凱特所言：「倫敦人一直都生活在美食大熔爐，但布萊頓肯定有一批跨國籍的烹者——窩在後廚。」

　　這段時間，我跟著當地人到處開眼界，味覺啟天光。我們過條馬路就從日內瓦到巴黎；走過深巷便見寮國和柬埔寨相互為鄰，印度馬薩拉風味的炸魚薯條——連英國人自己都很愛吃，還有到處將經典佳餚現代化的餐館，使英式烤牛肉變成自體分裂的細胞，以各種活化、進化、昇華版本在城市裡繁衍不息。

　　我漸漸心領神會：布萊頓人太適合「因廢而有創意」的生活。每個人隨時都能帶本書到海邊，又或者把城鎮視為群體的創作場域、某種激發創意的巨大合作社。他們走入哪家餐廳，都像走進自家灶咖。

　　凱特在這主要工作是針織藝術家，20 年前搬來，算是很早期的移居者。她說這一切都與個人的家族飲食史攸關。從小她在南威爾斯鄉村長大，在那個時代，父親會全力以赴支付開銷，母親則在廚房竭盡全力追求平等。女性若想平衡家庭和追求個人事業，十分困難。

在這樣的童年時光，她幾乎以為全英國人若非著迷所有油炸食品，便是傾向將所有食物煮成糊狀：「沒辦法，我母親是個獨立的女強人，通常這樣的女人做菜不容易好吃。」於是小凱特平日最大樂趣是跟祖母窩一塊。祖母出身農家，老能想法子變吃的出來，嘴邊總掛著：「好食物都在有錢人那，窮人只能靠創意裹腹。」說這話時也總是充滿自信，面對再困苦的處境，她都覺得一個人就算目不識丁，也有用雙手編織的能力。

凱特很自然耳濡目染，跟祖母學編織手藝。8歲第一個作品是烤麵包和煎蛋。從此，凱特發現自己很有料理天賦，隨著不斷精進，各式各樣細針成為她的鍋鏟，各色各樣毛線作為她的食材，在針織世界裡，她找到獨樹一格的烹飪風采。

回過頭來看，這無非是種「同一類食材，變出一桌菜」的飲食進程。就像臺灣的米，變成炒飯、油飯、魯肉飯形形色色，我們總能千變萬化，去激起胃裡的火花。而用羊毛做菜的最大好處是：她終於能決定如何養活自己。

待我走進凱特的工作室，宛若走進圈養綿羊的山谷。最令人讚嘆的是她身後滿牆毛線，赤陶色、孔雀綠、茜草紅數量繁多；回頭她走向沙發角落，朝木箱掀開薄毯，我一看，這只木箱是凱特藏著千絲萬縷的地方；箱內出現幾個瓶罐，舊時代的鈕釦、蕾絲緞帶和針線分別擷拾。

這些都是她從在布萊頓大學研讀紡織時期，一路收集而來。據說她往後遊歷一個國家，便帶回一塊布，不斷吸收各國文化的養分，融合成一個豐沛能量的整體。她在幾年之間，才華很快就受到伯樂青睞，後來也如願登上倫敦舞台。

可是她很快就感到水土不服。當時她還20幾歲，總

覺得這世界把針織形容得過於絢麗。商業、金融與大好機會或許都以倫敦為中心，但時尚趨勢沒有一天不在變化；這圈子每個人都試圖表現得高人一等，因為你若無法做到沒人質疑，人們便會用數字、金錢來定義你的作品。

她坦言在倫敦，把事情做到最好的境界，就是讓客戶願意付尾款。當藝術家為求溫飽跨入商業，稍有不慎，你便會像《穿著 Prada 的惡魔》——去訴說美的同時，也要想辦法讓人自慚形穢。

這產業最險峻的現實是：當消費者用精品來象徵身分和地位，設計師就隨商業潮流來消費人們的信任。每天追著流行跑的日子，設計師沒時間對世界有感，便急著輸出作品，那像你臨崖行走，有幸靈感泉源從山頂傾瀉而下，也因湍急而無法船行，每每還未流進河川，烈陽便收乾了大地。

▬ ▬ ▬ ▬ ▬

她觀察時尚圈，人們不知道再糟糕的創意，藝術家都能夠去美化，卻不代表曾經去嘗試消化，消化那些個體真正想跳脫的框架。那時，她內心造出一股聲音；一股過去在哪模糊不清，未來方向也不明確的聲音。尤其，當她從車窗倒影看見自己和一群人擠在車廂，時常覺得如果再這樣下去，那她在這世上能留下的，也只有二氧化碳而已。

可是當車門一開，一群人奔走四散，她走進眼前的高級大廈，人們羨慕餘光落在她背上，她又會將背脊挺直，假裝屹立風中不搖，假裝哪怕活得如螻蟻，心性也能高潔如貴冑，並再三說服內心那個追夢女孩：「妳做得好好的，究竟又有什麼理由非要離開？」

其實，她沒什麼不甘心的，只是靈感已來到末梢。那些眼神望來是羨慕，而今回想是目送。目送每一個人在高峰時，時往就在止不住地走下坡。

每一個創作者，難免都希望作品被人們看到；但面對資本社會，我們都沒有理由伐誅一個人忠其所愛，叫做失敗。那不過都是場過程，都是場體驗，我們未必能從中豁然開解，但至少明白自己怎麼來，又適合往哪裡去，免於枯竭。

起碼凱特不歌功商業，也不頌德藝術。不偏不倚，走回熟悉的荒土，再創造新的路數。至此，她也不再是個心存高度的創作者，並了悟那些年曾經對作品的堅持，又或為這社會些微的改變，都來自個人決定，不在於自己是否商業。她甚至認為再完美的創作，如若無法與人群產生溝通，那也會是一件可惜的事情；因此風向轉了，她想重新運用雙手，從信念到願意進一步重拾針線，去找回創造的本源，編織出人生的長毯，靠自己取暖。

只不過她也曾人紅是非多，後來刻薄的少數人，不免質疑她羊毛鉤針，編織出這堆食物又有什麼意義？所謂女性來談編織革命、再扯到自我價值的壯志，也不過是無稽之談！孰不知這才是凱特魅力所在，過去女性除了清潔、烹飪與家庭工作之外，她們有大量時間可以拿來培養技藝，其中這項「針線活」，看似很傳統女性，但其實是一種自食其力。

若要談論 2007 年，凱特以「Comfort Food」發表 3D 立體日常油炸飲食的首展，緊接到來，2013 轟動全布萊頓，她在「Fish Friday」中扮演魚販，將當地三文魚、鳳尾魚和電鰻等漁獲，用鉤針編織以實景重現出來——她也並非一成不變。

她向來訴求用親情與幽默調味。那些喜歡她創作之人，多半因為這些食物值得讓他們懷念；並且認同她將年輕人認為過時的羊毛針織，化為最容易「吃」得下去的工藝美術。

在她看來，一個人若能花時間與精力完成一樣有愛的付出，無論是烤塊餅乾、織條圍巾、錄段影片給自己的家人或伴侶，那便超越所有以營利為導向，缺乏情感與社會意識的設計作品。

在某種明白世界有所差異化的當下，她能包容每個人的想法，但她不可否認內心也造出另一股聲音，一股人生哪有什麼冤枉路，就等人自個兒開路的聲音。一股身為藝術家未必就要活得很苦很窩囊每天下麵煮菜湯的聲音。

在布萊頓更是沒有這樣的事情，藝術家和創作者走幾分鐘便能走向後廚、步往海邊，他們喜歡看海，也樂於掌杓；所謂時勢造英雄，環境造自由的，就這般廢著吹海風，廢得欣欣向榮。

━ ▬ ━ ▬

這天一早來到凱特工作室。我們原本約好到海邊吃牡蠣，只是這天氣熱到異常，最後是我提議要就近買份炸魚，她嚐兩口就擱在一旁：「如何？」我像吃了砒霜，褒美若違心，真是不說也罷。她的判斷很寫實：這是冷凍過的黑鱈魚，長時間放在低溫油鍋中，才能糟糕到吃起來像炸雞。我心想這家店怎能搭起篷子做生意？也忽然想起先前曾翻本書，內容到處採訪名廚，問他們臨死之前，都想吃些什麼？

我懷疑這家店是這作者開的。你不得不說作者很聰明，他發展議題，串連所有名廚的人際網絡，而且確有能耐置入商業同時，讓讀者願意去看關我們什麼事、並且此生都沒機會參加他們告別式的名廚，最後一餐會是什麼。

所以我很順理成章，不那麼欣賞眾多大廚，在書中極其阿諛自己師父（若有幸出現在同一塊版面），又或故作捧出真心，說些絢爛言詞感謝母親——但你平日從沒見他提及那些用錢買不到、米其林也無以備載的家傳美味。

　　更別說去提有什麼美食，他們打出生就在吃，只要吃了不是記憶中那味，便會像凱特這般渾身不對。只不過，我厭棄且看不慣之事也實在太多；人們那種海納百川修身養性我向來學得不夠積極，內心時常浮現「我又不是下水道，任誰都流進來」，這種大逆不道，但也不求誰原諒的話。

　　說實在，我記憶中那味也不盡然來自母親。尤其青春期國中那時候，我媽沒現在慈眉善目，我們曾經吵到鄰居報警，警察來了當然也束手無策，他如何能要求一頭失心瘋的母豹和小鹿斑比之間能相安無事？不過那是另一段故事了。

　　總之我們母女倆特色在嗓門大，但仔細聽不帶刀劍的。好比母親罵過最凶殘之語，便是拿一個已經不存在的人來當擋箭牌：「妳跟妳爸連愛吃花椰菜都一個樣！」多可愛的罵法是不是？

活跳龍蝦與肥美淡菜，
凱特織來栩栩如生，
再來瓶香檳，這完全是場視覺饗宴

那些年，家母蒜香花椰菜的出現頻率，如同我那長不停的青春痘。但凡母親迸出幾句有菜名的罵詞——我都不免感到如獲至寶，心覺和父親有了連結，好像跨時空都能搭伙般溫馨。後來，我還跑去請教外婆，才知老爸是個愛做菜的宅男，素來喜愛烹雞湯、下廚給母親嚐，那時我也還在媽媽肚裡。

這是我記憶中的味。

前陣子我邪風侵體，還想去採訪大廚身邊的女人（我捨去用「背後」一詞，對不住大廚給人感覺私生活亂極）。我好奇這世上有多少妻子，甘於烹飪技能演化成如闌尾這般無用器官，又有多少母親畢生窩在家裡剝豆莢，卻欣見孩子反過來耀武威揚？我後來沒有去做的原因，是因為我一直以來都不太去談女權，因為上面這段文字你能看得出來，我一去談就很容易成為被權力蒙蔽的女人。

凱特後來好心拿本書借我翻，盼以助長我實踐此計畫的火力。烏拉圭小說家愛德華多的《女人》。其中一篇故事大概在講，火地島的雅加女人為免受男性支配，用樹皮製成可怖面具，向男人聲稱擁有不明神力，藉此教對方懼怖而不敢侵凌。可當男人知道真相後，一夕間屠殺所有孩子的母親。在往後世代裡，他們要女人服從，包括女人將來所生的女孩也難逃命運。

這故事乍聽會讓人深覺父系社會的建立，多以犧牲女性自由與靈魂來交換，同情心多者甚而會滿心感到悲慘。但如若你也這麼想，那對女人的誤解可能就大了。我始終對家庭主婦是否極為可悲或淪為弱勢這說法，保留一份空間。畢竟，現代女性已進化到會教男人同情而不被欺凌，面具也早已轉化為彩妝商品，她們其實很懂得讓男人覺得自己無所不能，適時得其庇佑。女人也不全然訴諸獨立而後，與男人產生所謂的平等，在眾多人性淋漓的案例中，我看見她們持續扮演好男強女弱，只為從男人身上奪取更多。

反觀我媽那一代，命運乖蹇的家庭主婦，比較像是中了社會集體意識的觀落陰，落入妻子負責生養的圈套，好在我父親離開得早，母親等於提前得道。她曾經那些好姐妹，為了丈夫與社會絕緣，最後老了，沒個人嗜好，沒多少朋友，像個路邊無人聞問又嫌過氣的郵筒，沒消沒息，等死而已。

我同住 10 年的外婆更是驚奇。年夜飯通常是她這老母親，對過去一年情緒失控的告解，佛至少還可以跳牆，我們只能坐在烏煙瘴氣，忍受有人無時無刻朝你繃緊了橡皮筋。這時我又蠻怪我老爸離開得太早，倘若他在，又那麼愛做菜，我便能跟他套好在飯裡下多少安眠藥。

那男人呢？只要是人，都有無辜的時候。

我有個好閨蜜（在這年代，意指能傾訴私密的男性好友），他人財兩失事小，對方竟還有家庭，這創傷已宣告此生難以恢復。可是我始終不明白這男人，怎麼會相信跟他交往不到一星期、就想上他家露兩手廚藝，並且懂得全身除毛，除得像一塊晶瑩透抽的四十歲女人仍是個處女？

由此可見《女人》這本書絕妙在於，你沒發現，作者說的是女人有多愛說謊的傳言嗎？尤其生死存亡你帳戶有沒有要在她手上之時。女人的心也是會為權力而跳動的。

然而我不怪凱特。英國人很難理解臺灣特有的廚房政治美學與親情之間的恐怖平衡。只不過我有點惱《女人》，不知為何這章節總有威示意味，到底是要講女人因說謊而遭大患，還是提醒女人若說謊，男人絕地大反攻就是這麼厲害，我理解也不理解。

為此，後來我只要打開電視，看到男性大廚的烹飪節

目，都會朝旁人偏激地說：你看那些大放異彩的名廚，在烹飪節目最好看的橋段，莫過於請他們嚐一口自己烹調的佳餚，可那畫面不都像他們正在吃最後一餐？

這種見不得人家好的心態，大概是歷代婦女，融成的一鍋鹹湯。

那心底的味吧。

英國達靈頓
復古花農 克萊莉

一束鮮花
能讓大自然住進你家

擔長讓所有人開心的她，婚後接連
生了3個孩子，她發現自己其實沒
有那麼快樂。為了與老公激起火花，
她遠離充滿誘惑的倫敦，實踐「產
地到餐桌」的花卉計畫，並跳脫自
怨自哀的處境，重新在婚姻裡出發，
成為英國花藝名家。

#婚姻保鮮法
#女性多重角色平衡
#園藝家居

從濱海之城布萊頓來到達靈頓村鎮，此刻我心境與往日不同。不斷旅居各個國境，會讓你的背包變輕，那些曾經掛念不捨的生活玩意，在合於生存所需的範疇裡，都不再那麼必須——比如端起酒杯想被人欣賞的美甲；比如留過一場冬天也麻煩一整個夏天的長髮；比如需要特殊角度才能送風的吹風機（我究竟帶它幹嘛？）。

我也逐漸不再把這過程當成旅行，而是帶有遊牧意識的移動。時往我來到一處陌生國度，在當地沒什麼人際網絡，對誰都毫無利害關係，因而遇見最不陌生的人群。

在 5 月的英國，我來到克萊莉和丈夫巴尼經營的玟娜莊園。鄰近的蒂斯河畔在 6 月以前，白花漫開成一席長毯，熊蔥的氣味瀰漫空氣中，這野生植物產季短、摘來也不易保鮮，在超市幾乎不會看到，所以女主人這幾日都忙著用葉子包裹雞肉去烤，用莖葉製成蔥醬，白色鮮花則浪漫地灑在沙拉上。

閒來無事的某個下午，克萊莉翻開昔日和姊妹同遊的相片，神似《黑天鵝》娜塔莉波曼的她，當年追求者很多。據說巴尼從她 7 歲便相伴左右。無論後來慶生烤肉、成年派對還是畢業典禮，雖然照片不曾有他，可他一直都在。

男孩深愛著女孩，只是看她有那麼多人喜歡，從未坦

誠告白。好幾年過去，克萊莉從西班牙回國擔任幼教老師，巴尼當時在電影業翻滾出氣候，才鼓起勇氣追愛。

　　求婚時，兩人正在印度斯里蘭卡的飯店樓台間，月色朦朧、黃燈浪漫。巴尼拿出繫上蝴蝶結的求婚戒指正要下跪，克萊莉卻將美麗緞帶看成可怖蜘蛛，尖叫聲劃破寧靜的夜。巴尼嚇到，手一鬆——兩人對於求婚夜印象最深刻的就是摸黑找婚戒。

　　幾乎有那麼一瞬間，克萊莉深覺唯有找到婚戒，這段婚姻才屬於她。等到找著了仔細瞧，指環鑲著三顆藍點點，也應證兩人後來有了 3 個寶寶；只是雙胞胎來得太意外，克萊莉有點吃不消，幾年內身材產生的巨大變化，使戒環難以推進指根末路，心坎也同樣進退兩難。

　　那時他們全家五口擠在倫敦的窄小公寓，地點很優質，但心靈很沙質，就像試圖在海灘上種出玫瑰般活著。她知道守在倫敦是自尊的一部分，那個階段裡她得忠於想被人尊重的慾望。但婚姻關係需要更多空間去轉圜，她覺得兩個人拼命賺錢是為了生存，而不是為了生活的感覺很可怕。

　　她知道巴尼也不快樂。他大學學的是景觀建築，傾心於園藝；他和克萊莉雙方父母是世交，一起在鄉村長大，

從小看著上一代的英國男人蒔花弄草，孩子在妻子身畔採花玩耍。

　　然而大自然地貌在都市已不復見，人們走過車水馬龍，忙碌昏天暗地。克萊莉和巴尼曾無數次走進花店，想把回憶拉到跟前，可那些美好基於保存不易、壽命短暫，多半已消失遙遠。

　　這背後不僅僅是商家營運成本的考量。這裡不乏世代相傳的大地主，平日開著轎車安穩度日，缺乏動力務農，供應鏈產生了變化。從 1960 年代開始，當地人著迷於異國風情也好，又或因應訂單量的需要，英國有超過 90% 的鮮花遠從荷蘭、哥倫比亞、肯亞，甚而是厄瓜多空運而來。

　　可是英國本地花卉能否捲土重來，還需要天時地利人和。說起來諷刺，全球暖化對英國花農很有可能是好消息，他們無需在寒風大得像被氣候搧耳光的日子裡，眼看剛長出來的鬱金香被無情地肆虐。

　　回顧近 5 年新娘消費習慣也逐漸轉變，她們厭倦看目錄選花千遍一律，偏愛野生花卉千姿百態，更欣然赴往農場，親眼見到花卉成長，彷若藉此能得到大自然的祝福，也能尋見婚姻歸根的所在。

克萊莉有種直覺：這是時間該像對待食物般去思考花卉。巴尼擁有足夠專業，她也自學花藝多年，兩人生活正靜待轉機，那何不「從產地到人們的生活」，重新去復興本地種植的鮮花？

這項「回老家種花」的計畫之所以能成功說服巴尼，在於這男人還深愛著她，自然也深愛跟她生養的孩子。

巴尼想讓孩子在大自然間茁壯，與其讓兒女擠進名校，他反觀自身從小與自然共處，心中沒有得失，沒有爭奪，換來的是平靜，他理解這是許多人掙得財富、卻怎麼也掙不得快樂的重要原因。

追根究柢，巴尼還有個工作狂父親，小時候他難以將爸爸拖離辦公室，於是他存著「走向父親」的心情，他不單想陪伴孩子，還想找回失去的時光。

只是當時，他沒把握父親怎麼看待這件事情——是否會期待兒子也要去成就許多這社會要看的東西。幸好馬克慨然應允，但提出兩個條件：一是家中房產仍要用租的，天下沒有白吃的午餐；第二搬回來孩子請自行去帶，老人家退休是為了享受生活，絕非再次去經歷降魔。

講歸這樣講，在巴尼一家搬回達靈頓前，馬克仍請來

園丁將一切弄得安全妥當。當克萊莉走進這座維多利亞莊園，迎接他們到來的是三層樓紅磚別墅、數不清的房舍和壁爐、還有大片花園。

　　於是，我們翻到相簿最末一頁，那是父親牽著女兒走過花徑的美好景象。畫面裡的建築與花圃都是那麼似曾相識，我這才意會原來這兒，也是當年她和巴尼舉行婚禮的地方。

如今他們已將側門兩房，打通成寬敞明亮的廚房；後院闢間溫室、種些蔬果，以及便利移盆的小花倉。克萊莉去年還將車庫翻新成工作室，說新也不是那種斬釘截鐵的新，裡面可見花瓶、乾燥花和舊書冊，油漆是她自己刷的，屬於個人佈置的小溫馨。

　　平日守護這座莊園的，除了巴尼的曾祖父——湯瑪士·萊特森男爵的油畫肖像，還有當年男爵愛犬的直系後代萊迪，是牠帶我走過那片藍鈴花海，也是牠帶我覓食美味熊蔥，牠是如此熱愛招呼前來的訪客，熟門熟路像是牠已住在這百年以上。

　　每當我們去採花，牠總不忘跟來。英國鄉村會有野兔出沒，這生物體型是兔子兩三倍大、跑起來跟子彈沒兩樣，但萊迪獨獨能把牠咬回來。我每次都很慌，覺得牠這麼忠誠做什麼？咬到獵物就撲到我面前——我從來不知道兔子會叫成這般悽厲慘狀，那聲音像這世上有種交響樂團，演奏方式是全體團員同時用指甲朝氣球的表面刮。

　　從 5 月開始，大大小小婚禮在英國各地舉辦，玫娜花園的訪客不斷。今年冬季延長來到春天，夏日又烈陽似火燒，克萊莉眼巴巴盼能開幾朵紫色鬱金香，好趕上婚禮出

單。可她也暗自祈禱花別開太快，別讓花瓣尚未開全就晒乾，她為此一連幾日無眠，半夜還會冒出冷汗。

這樣的事情聽說每年都要經歷一回，上半年始終是對花農的最大考驗，也反應出鄉村生活的寫實。幸虧巴尼將花圃顧得很好，也把孩子顧得很周到，你不時會看見利歐、基浦這兩兄弟，帶著妹妹菲絲無論怎麼瘋玩，經過工作室的藍色大門外，總會緩下腳步，不願叨擾母親，直到克萊莉走出來。

當克萊莉順利趕上出貨，她會一掃前日陰霾，找來親朋好友、和巴尼一起作菜，好好犒賞體諒她的孩子。

時間來到週日清晨，有別於臺灣人總愛備齊四菜一湯，英國媽咪會端出一肉兩菜（meat and two veg）；巴尼平時和父親狩獵，存了不少鹿肉，這次特地去挑根帶骨的腰臀肉，說口感細緻且熟得快。

烤鹿肉的等待時間，克萊莉父母大衛和蘇西已等不及來看外孫。他們帶著三娃到菜園拔些蘿蔔、摘些紫球花椰菜，至於那每個英國家庭都無法缺少的馬鈴薯，她從後院窗戶轉交給女兒時，開口道：「妳再去採些大黃，我們來做奶酥如何？」

那些克萊莉前年種的大黃，現在正肥美。她秘訣是趁秋冬用桶子罩住大黃，讓它誤以為永夜而將養分全轉移根部，變得又嫩又甜。這桶子一打開，土裡像迸出無數根粉紅蔥糖，我們拿出美工刀，俐落割了好幾下，怎麼也採不完。

　　大黃奶酥無疑是蘇西的家傳美味。她用麵包碎屑、燕麥片來節省麵粉用量，和奶油、紅糖翻炒後替代奶酥。這「酥」求的是乾濕適中，女兒問她怎麼樣才算好？她也說不明白，總之她都用手指摸摸，大概抓個感覺，就能好吃得不得了。

　　野鹿也差不多要好了，你能見到肋骨裏層焦糖色，墊底洋蔥與奶油融化一塊，這時只需將肉汁沸騰、淋些紅酒，便能蘸著醬汁品嚐；此時花園的新鮮莪蓼、龍蒿和鼠尾草，隨手摘來妝點餐盤，都像極春天才有的美事。

　　餐後，我們選在風景如畫的前院消磨時光。餐桌上擺滿大家從莊園採來的金黃鬱金香、雉眼水仙和藍鈴風信子，這是克萊莉一家最美妙不過的傳統——每當家人生日，看誰桌面上擺滿鮮花，便知道誰是壽星。

　　大衛當然很高興，子孫滿堂的他，切下蛋糕分給每一個人，他甚至邀請我這張東方面孔，首次出現在他們家庭

聚會的相片上。

━ ─ ━ ─ ━

一束鮮花背後總有許多故事。

回想過去,克萊莉也曾經歷挫敗。在推廣本地鮮花
──不但新鮮還能親手採摘的同時,新人想的未必是同件
事。那些相較進口鮮花多麼減碳的說法、對地球生成多大
積極力量,又或體現重複利用的乾燥花,對新人而言都過
於遙遠,他們只想讓親友對婚禮留下深刻印象。

他們只想在平凡的人生中，讓自己變得特別。在「特別」這種渴望與眾不同的氛圍裡，他們會傾訴對彼此的承諾，卻不一定想對環境許下什麼樣的諾言。

　　但沒有人要做的事情，總歸有人先做了，這市場才有得以共鳴的對象。巴尼夫婦多年來採用有機與永續經營，他們對用水、肥料和栽培要求面面俱到；他們對於人類會用塑膠把美麗花朵包起來販售，感到難以理解，於是改用可分解牛皮紙來包裝。

　　面對參觀訪客，克萊莉總會去強調在永續之前，得先去談持續。對花農來說持續性的農耕運作，持續性的市場需求，彼此之間循環助益是他們樂見其成的。然而你放下一切，從都市回到鄉村，持續還代表著：無論人生遇見何等際遇，在任何環境，面對想做的事情必須持之以恆走下去。

　　前陣子我隨巴尼夫婦到市集賣花，對此感觸就特別深。那天市集辦在米德斯堡，這是個規模和達靈頓不差上下的村城，過去作為英國鋼鐵工業重鎮，敲敲打打幾十年，像個邊境又無人聞問的地下樂團，近年政府發現產業沒落了，說收爛攤子不好聽，就讓整座城市一個轉彎，成了文化創意之都。

花藝對克萊莉而言，
是將生活的風景，帶到人們的眼前

我們從清晨五點便起身準備，將移盆分裝的香碗豆、飛燕草、瓜葉菊和魯冰花輕手輕腳送上貨車，等到一行人到現場已近中午，我很自然地跟在克萊莉後頭，她所經之處的人們是那麼熱情可愛，大夥分享「白豬如何飼養的」、「油菜水源如何重要」、「野生老麵種培育的訣竅」，以及無數交織對美好未來的憧憬，與當下環境擁護的前衛哲思。

你會深刻體會善待環境是對他人至高無上的尊重，更會讓自己交到無數氣味相投的好友。同時，每個人都有那麼點心思，想從一成不變的人生活出些可能。那麼走出框框這事情也可能很枝微末節，例如最近克萊莉看我都是戴手套培土，問我要不要嘗試脫掉？

我其實沒注意到這個細節，我還在擔心指甲縫會髒髒的，還有土裡會有蟲。但第一次雙手觸碰到土壤，那是柔軟的，早上起來還濕濕的，有種興奮感，只覺得生在工業化社會 30 年，好久沒摸過這麼不平整的東西。

我最近也會站在鏡子前，看向眼前這又黑、戴著眼鏡、粉刺長滿臉、頭髮亂成一團，穿著破了又縫的二手寬褲的地表生物，妳到底是誰？半年前，同一個人正在地球另一端，出席高級餐瓷的新品發表會。

那天我也把以前照片從手機滑給克萊莉看，我們表情

都很嚴肅，一旁的巴尼更是彷彿在參加某種青春緬懷；我問他如何看待女人在意的歲月變化？

結果他的回答比較像在放閃告白，因此我把它寫下：

身為克萊莉的丈夫，我不是愛上哪一個『她』，我愛上的是在這些多重身分底下，無關青春歲月最真實的她。因此婚姻裡的任何變化，都不值得我放棄愛她。

只不過他講完看了我手機相片，立刻忍不住飆出髒話。他的反應就像看到那天克萊莉說的，一束鮮花卻用塑膠來包裝。他問：「妳將來回到臺灣，還會這樣打扮嗎？」

當時我沒意識到他問的是：妳還需要靠打扮讓自己獨特嗎？無論是學歷、經歷、還是言語上的裝扮。

我不知道。但我記得先前沿著蒂斯河畔，走過巴尼父親宅邸，馬克澆著花，見到我，指向他面前百年老樹說：「妳看這棵樹長得多高大，土裡它就有多深廣。」我姑且會把這樣的說法，視為我該追求的是內心的強壯。

英式鄉村雞肉派|

以深鍋裝 2Kg 全雞，冷水淹過煮沸，依
序放入洋蔥、紅蘿蔔、芹菜、黑胡椒粒、
月桂葉，小火煨 1 小時。取出雞肉冷卻，
同蔬菜放入烤盤，雞骨不加蓋繼續煨，
收汁至原有的 3/4，用鹽調味。

烤箱預熱 180 度。取小鍋加熱奶油，分
次拌炒中筋麵粉，慢慢加入雞湯製成奶
醬，倒入烤盤。派皮鋪蓋其上，得切小
口蒸汽才好排出，最後刷上蛋汁，烤 30
分鐘。

作為中世紀史賓諾拉貴族的後人，她承襲數世紀的釀酒傳統，帶領族人推行生物動力法農耕。我也逐一從管家瑪麗莎、酒吧老闆莫羅和小鎮居民身上，拼湊傳奇家族的平民篇章，見證她如何捍衛與父親的回憶，並重新賦予這片土壤褪去繁華的全新意義。

\# 義大利貴族
\# 女性覺醒
\# 繁華轉身

去年秋天，我把家裡能賣的東西都賣了，就為了湊機票錢，義無反顧地飛過來。現在想想，若非憑藉好運，三番五次挺過饑寒交迫，又因太有自知之明，躲過桃色風波（英國人極好我這醍醐口味），我也難以熬過 8 個月。

但不知為何，內心仍懷抱希望，於是匆匆寫信，尋求好心人施以援手；也就在緊要關頭，塔薩羅洛城堡許我吃住，繼續這項計畫。

待我依言來到塔薩羅洛小鎮，鎮上村民領我從教堂進去，前廳空蕩，留有幾盞火燭，三兩小夥子渾身散發酒氣，朝我喚：「臺灣？」

原來這是我的名？「對，我來自臺灣。」然後我翻出筆記本，朝他們問道：「Castello di Tassarolo ？」

一喚這名字，塔薩羅洛城鎮的人們似乎瞬間都醒過來。人們伸起懶腰，離開涼椅，紛紛往教堂聚攏；有面露狐疑，有笑容可掬，有滿懷好奇，他們朝我說著義大利語，並且是覺得你聽久就會懂的那樣使勁說著。

一位頂著紅棕鬈髮的女子走來，見我比手畫腳老半天，面露微笑：「看來妳很適合留在義大利。我是瑪西，走吧，我帶妳放行李。」瑪西？村民看出我的疑惑，轉身

指向城堡：「瑪西米蘭諾 • 史賓諾拉，瑪西！」

　　我意會過來，連忙道謝，便隨瑪西登往山坡，步入玫瑰花圃，再走到滿佈彈孔的鐵門前——這是 18 世紀拿破崙的傑作，當年他立於這兩米厚石牆外，放火燒也沒有用。

　　我抬起頭來，城堡望過去樸素得可以，任何裝飾都顯庸俗，窗戶窄小且離地面又高又遠，如果建築有所謂的面相，那他像防備心極強又有點孤單的中年歐吉桑；總之，我覺得它不像城堡，而是一座堡壘。

　　我們走過長廊，行經羅馬塔樓，待瑪西推開兩層樓高的木門，拉開半邊窗戶，目光所及是整修過的議事廳，四壁高掛史賓諾拉遺祖的肖像，壁爐刻印著徽章——象徵史賓諾拉家族的雙頭鷹。那老鷹頭頂上還有皇冠，代表家族過去曾是奧匈帝國的使徒，左爪抓住劍與彎刀，右爪箝制教皇與當時的世界。

　　自 8 世紀以來，這個望族從德意志來到哥倫布的故鄉——熱那亞。他們曾奧援熱那亞艦隊擊敗威尼斯，成立共和國；隨後擁有自己的領土、軍隊和鑄幣廠，這座城堡便是掌管熱那亞通往歐洲內境的唯一商道。後來系出史賓諾拉的子孫不乏將軍、總督、樞機主教和銀行家；而文藝復興時期，史賓諾拉女性更佔有一席之地。

女侯爵瑪西和她的愛馬弟糲（Titouan）

例如被譽為佛羅倫斯女孩中最美麗的西蒙妮塔，便曾出現在《無與倫比》（La senza pari）這幅畫；當時這位貴族女性，因為23歲早亡，使得她成為普世女人的理想，《維納斯的誕生》的畫家波提且利愛慕她，梅迪奇家族成員追求她，她以不朽的智慧與美麗被人們所銘記。

14世紀以後，各代繼承人對城堡多有改建，並種植葡萄釀造美酒，起初多用於自家人品嚐，後來皇室慕名而來；17世紀神聖羅馬皇帝斐迪南三世便曾拜訪瑪西的祖先──菲利波・史賓諾拉伯爵，聞著酒香書寫當時的景象：

這是一座美麗且堅固的城堡，
距離塞拉瓦勒約莫五公里，
城堡內有八十個家庭，
還有好酒、各式各樣的麵包、肉和乳酪。

那時人們還將冬雪掃進地窖存放，夏天用來冰鎮蜂蜜酒；石板取來烤些乳酪酥餅，那圓餅作為戰士食糧，就如同他們腰間那袋金幣，耀眼金黃。

這般宏偉歷史的城堡，也不知多久沒有人居住，瑪西把我這樣一個陌生人安排住進面山的塔房。我手裡接過沉甸甸的鑰匙，聽她說：「鑰匙就交給妳，記得，這座城堡誰都不能進來。」她伸手拍拍石牆向我補充：「拿破崙都

攻不破的城牆，當然網路也進不來。」

待她走後，我從窗戶看見教堂造在山腳下，得瞇起眼才看得見十字架。「這麼遠啊……」我不禁心生疑惑：「這裡又沒有電鈴，我要怎麼知道她來找我？」

夜幕低垂，我選擇保守地待在房內。說真心話，這間房很雅緻可愛，像個修道士的居所，全用石頭造來；衣櫥也有意思，就從牆面鑿洞釘上鐵杆，空間不佔。

而且城堡很涼，窗戶打開，風不請自來。唯獨沒網路，日子有點忐忑，我拿出手機在房間各個角落偵測訊號，什麼也沒有。瞎忙幾個鐘頭過去，最後躺在大床上，這才驚呼：「不對呀！天黑前應該先洗澡才對吧！」

通往浴廁的長廊，終年不見日光，此時覺得陰氣逼人，好像有什麼會飄出來。但當真打開手機燈，我又覺得黑夜不可怕，有燈才怕照出些什麼來，尤其那些廢棄火盆、生鏽燭台、帶髮絲的梳子還有斑點滿佈的銅鏡，我看了心就止不住發顫。

大概膽子從沒長齊全，我越走心裡越發惱怒，偏偏浴室還在廢棄八人房最裡邊，所有床板、床墊都在，像傭人睡醒後都忙去的生活狀態，簡直毛到極點。

也不知內心存了多少陰毒，我選擇站在窗邊把燈照在自己臉上，好嚇壞那些住在城堡外的人們。好不容易，浴室終在咫尺面前，我快速走過床架，衝進去立刻將門關上，沒想到一回頭，似乎見到細長的東西在浴缸，慌忙間把燈打開，這才看清四、五隻手指粗的蜈蚣，正瞬間朝四面八方遁去。

好在小時候住玉里鄉下，母親會拿筷子把蜈蚣扔進奶粉罐，蓋子一蓋便叫我捧去中藥行，我看人們拿竹片穿過這百足蟲，沸水燙過曬乾，只覺得很可憐。如今見到臺灣也有的東西，反倒特別懷念。

想一想，我跨進浴缸洗了個戰鬥澡，談笑間，放蜈蚣一條生路，並且樂觀地認為，城堡蕭條四壁，這蟲還能養得那麼肥壯，這堡內肯定有生生不息的地方。

━ ━ ━ ━

我來義大利以前，從來不喝咖啡。

記得我媽至今也就追過兩樣風潮，一是咖啡，二是吃素，皆與道德相關。前者說多懂得品嚐也沒有，不如說感覺自己在他人眼中「吃得了苦」；後者則萬不殺生，積福造德，她不知從哪聽說常吃牛，人就會長得像牛。

年輕的時候和母親走進咖啡館，她總會點上一杯曼特寧，不加糖，別牛奶。這兩項要求在當時是行話，店家會對你投以讚許眼光。咖啡端出來，他們的姿態讓我覺得眼前這舶來品肯定非同小可，一喝下去——媽呀！他痛癢無關，我苦得死去活來。

可是我在塔薩羅洛，因為愛上這裡的人，於是愛上這裡的咖啡。每天早晨，我從城堡步往小鎮，只要兩分鐘。據我看來，過去中世紀教堂附近，大概就算是當地鬧區，如同這裡的麵包坊、雜貨店、餐館和酒吧，四家商舖一應所有生活娛樂。

翻開報紙，學著當地人拿塊麵包、點杯卡布奇諾。我便能在這兒交到許多朋友，包括老闆莫羅。他從不計較你站著還坐下，喝咖啡的價格都一樣；他還是村上的消息通兼節目單位，小道內情應有盡有，三不五時也會安排精采音樂會。他這人沒心眼，總會對我說：「妳在城堡那邊也聽得見對吧？那是要付錢的，那妳還不如親自來。」

每天 8 點，我們都還有個默契：老先生克勞迪奧要來了。他是莫羅口中鎮上的活化石，91 歲喝咖啡資歷超過70 年，家族世代都在造噴水池，還曾替不列顛人建過羅馬花園，無怪說得一口清晰的英語。

他知道我住在城堡，找天帶來一張時代久遠的傳單，翻開背面有張相片：少女瑪西身著黑蕾絲洋裝，她父親保羅身穿西裝站在一旁，地點就在城堡的議事廳。只是那時牆壁是孔雀藍，牆面掛著 19 世紀的鎏金明鏡，桌面佈滿昂貴銀器。克勞迪奧又重複說了那句話：「瑪西米蘭諾．史賓諾拉侯爵，名字太長了，所以我們都喊她瑪西。」

他告訴我，瑪西是這座城堡與 20 公頃葡萄園的繼承人。「但她並不熱衷喝美酒。」莫羅接話：「對，沒錯，她還吃素。」在回來之前，瑪西從事藝術業，往返紐約與倫敦長達 12 年。

直到父親保羅重病，她重返塔薩羅洛，才發現離開這些年，村民為了種葡萄犧牲大片果樹、為了減少疾病與昆蟲對葡萄的殘害，而所使用的化學合成物，已污染數英哩外的地下水源，並且蒸發成雨水，對附近農作產生深遠影響。

她童年回憶裡的洋槐、無花果樹早已消失殆盡，湖泊成為一攤死水，野兔和山羊再也沒出現過。她很清楚知道這片土地正在自毀前程。「於是她回來了。」克勞迪奧說道。10 多年前，村民親眼見瑪西回來，跟他們同樣在農田邊蓋間平房，研究生物動力農法，起初幾年她寧可沒酒可賣，也要靜待土壤汰換新生。

後來，瑪西和跟隨父親左右的酒窖管家米力、生物學家男友亨利，共同造馬廄，使葡萄園的馬匹呼吸來自利古里亞海的空氣，身旁圍繞柯蒂絲和巴貝拉葡萄，由牠負責踩踏土壤，守護腐殖質不受破壞。

　　接著瑪西和亨利建菜園、水循環系統、太陽能面板、重新引進釀酒技術，遂不再為抗氧化和殺菌使用二氧化硫。隨著 10 多年過去，湖泊生機蓬勃，生態逐漸與往昔相同，他們逐步實現讓大家自足且健康的生活。

　　可是瑪西仍然沒有回到城堡裡。

　　看出我的疑惑，克勞迪奧反問：「妳認為咖啡對義大利人的意義是什麼？」我答不上來，他聽我描述臺灣的精品咖啡特色頗豐，許多店面弄得很漂亮，緊接又問：「那一杯咖啡多少錢？」一聽到臺灣的咖啡價格與巴黎同步，莫羅不敢置信。

　　克勞迪奧解釋豆商壟斷這現象在義國，確實不是誰都看得慣：「但在義大利，只要拿起咖啡，所有人都是平等的。咖啡是為了所有的人民，而非任何單一的階級，所以妳可以在高速公路休息站、羅馬宏偉的教堂邊、我們這座偏遠小鎮，用 1 歐元去享受它，看見咖啡的存在。」

瑪西也想從環境面做到這境界。她想的不是最有經濟價值的農作物，她想的是塔薩羅洛的整個農業、整個生態圈。而這並非是歐洲最古老與最負盛名之一的貴族家庭，面對戰敗和沒落的折衷將就，反而是她願意去承擔過往那份責任，直視時代改變，能賦予這片土壤褪去繁華的全新意義。

—　—　—　—

循著莫羅這條線，我有幸認識了 72 歲的瑪麗莎，她在塔薩羅洛城堡服務了 30 年，從保羅時代便負責一家三餐。她做菜追求用簡單新鮮食材去提煉美味，那天我跟著她攪磨羅勒與松子，用橄欖油隔絕氧氣時，我問瑪麗莎：「這青醬能保存多久呢？」她反問我：「孩子，妳花 15 分鐘能做好的醬，為什麼妳會希望它能放很久？」

後來我清晨到菜園務農，午間便跟她學做菜。她做菜多半還帶著瑪西的兒子阿多。與其說老奶奶要教會未來的侯爵做菜，不如說讓他明白，一個拿橄欖油抹在耳後當香水的男人，看起來會特別性感。她總要阿多大膽玩、儘管嘗試，她最常掛在嘴邊的一句話是：「做菜沒有一定的規矩，畢竟在現實人生中我們已經聽了太多道理。」

酒吧老闆莫羅與義大利早餐

日子一天天過去，我越來越覺得我們志趣相投，好比我的廚房大概有洋蔥和蒜頭，人生就圓滿一半；她只要一把刀，什麼都可以拿來切，再來個刨乳酪器，她說這樣在義大利就能做出半輩子的菜。

　　一道上市集買菜時，我們也總在談食物營養價值前、先忠實面對自己的慾望。因此腎臟不大好的兩人，總戒不掉黑橄欖與薩拉米香腸，若沒有買到，我們表情會肅穆到像一張沒中獎的發票。

　　有時候，我也不得不佩服老奶奶，她為了熬燉肉醬，總能開3小時的車到托斯卡納，只為買斤上好的契安尼娜牛頸肉，買回來是因為菜園裡番茄長得太好，在塔薩羅洛，蔬果才是主角。

　　後來幾次，我觀察瑪麗莎籌備城堡晚宴，她都很有種端出些馬鈴薯麵疙瘩（Gnocchi）這類平凡小食。當濃醬正熱，瑪麗莎會放上鼠尾草，人們親眼見那枝葉一遇熱氣，像含羞草般收攏進醬汁底，都讚嘆不已。

　　但你回頭問她是怎麼想？瑪麗莎說：「馬鈴薯還剩很多。」於是她不如做道美食，讓所有人品嚐一種滋味，叫作懷念。

跟瑪麗莎相處越久，會覺得歲月不饒人這說法沒體現在她身上。她的觀點時常很入時，比如她會叮嚀我可以熱愛美酒，但別貪杯，因為一個甘於意志不清的女人，與瘋狂無異；並順道提點我遇到提不起興趣的男人，就點杯義式濃縮，暗示對方妳喝完就想走。

幾次來回愛情軼事，這個不優，那個不行。於是我很好奇，到底什麼樣的義大利男人，在她心目中才算可以？

她沒提到自家人，反倒讚美亨利——那位代表塔薩羅洛城堡，贈予英國查爾斯王子美酒的男人，照片中他身穿灰西裝、亮橘襯衫，並戴著軟呢綠帽。瑪麗莎很佩服有人敢這麼穿。

亨利**擁**有英國與希臘血統，無論對愛情又或事業，向來能把嚴謹和浪漫的成分，拿捏得恰當好處。作為奧地利哲學家、生物動力法提倡者——魯道夫・施泰納（Rudolf Steiner）的信徒，他時常遵行日月星辰，召來年輕男子赤裸上身，在荒田用大火熬煮問荊。

我跟瑪麗莎都覺得這些畫面很刺激。

但亨利有些自負的老毛病，他從不說自己是義大利人，而是倫敦人，我們都看得出來，他實在很享受那套邊

打哈欠邊說話的發音方式。他還是個虔誠的基督徒，在這基礎點上，他會以自己的姓氏君士坦丁為榮，基於信仰，他不願成為他口中懶散的義大利人。

有一回瑪西為此和他吵起來：「我告訴你亨利，若要談賺錢和拼經濟，我們或許是輸給你，但若要論及心靈的自由度，我們義大利人是全球第一！」

這段話說得鏗鏘有力，但我觀察亨利也並非無堅不摧。他作為生物動力農法的實踐者千真萬確，他熱切提倡這農法就像中醫，需從根本「土壤」來調養也固然可信，但對世代耕種的農民而言，慢工細活也得解決生活所需，況且他們心底跟隨的是史賓諾拉家族，而非亨利。

想當然，他因為一個美麗且深不可測的女人來到塔薩羅洛，面對一群樸實農民，他其實就是又愛又恨，但又不得不承認的愛上這裡。而他那硬脾氣，大概會為愛情結成葡萄藤，屹立在山谷——又或成為伊特拉斯坎壁畫上的一道身影。

他內心和瑪西相處的矛盾，我明白。就如同起初我住在城堡，我曾經因為跟這群光榮的逝者朝夕相伴，而感到很光榮；細細品味一路走來的微妙之處，都覺得自己正走向顛峰。

瑪麗莎手作千層麵和義大利麵餃

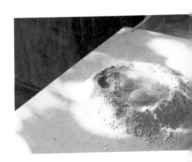

然而這世上便有一座圍城非表現於建築，而存在於人心，整日幽閉又安靜，逼著你傾聽內在聲音，而你真有勇氣去聽見什麼嗎？那可未必，再待下去裡頭的人會渾然不知自己被什麼吞噬。

　　唯一能拯救自己的還是很夯，諸如需要外力作用的方式，好比隨著我想曬曬太陽，隨著我需要從土裡摘朵萵苣，隨著我想念瑪麗莎在火爐上煨著扁豆湯，桌邊擺滿山羊乳酪和大盆櫻桃黑莓，我才會慵慵懶懶地走出圍牆。

　　也就在這種時候，我下意識回頭看那彈孔，才能稍微體會：生命何時擰熄而止無所預期，人生最難的就是明明知道自己會死，仍拼命勞勞碌碌地活著，並在殘魂灰飛湮滅，落地無聲之時，已然練就一生不回頭的勇氣。

　　而我這也才憬悟，為什麼瑪西不待在城堡裡。

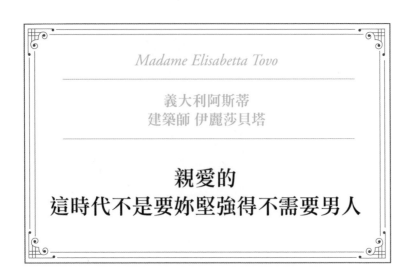

義大利阿斯蒂
建築師 伊麗莎貝塔

親愛的
這時代不是要妳堅強得不需要男人

第一段婚姻，她情願做個男人背後的女人；第二段結褵，她的男人難以接受足以站在丈夫面前的妻子。可她依舊相信愛情，也相信自己，並帶領一方奇才，打造盛名歐洲的建築師團隊。

她說：這時代不是要妳堅強得不需要男人，我們一直以來求的是平衡。

女性創業
女主人宴客
義大利飲食文化

伊麗莎位於阿斯蒂的公寓，終於修繕完成。她這週末給我打了電話：「Jade，我能邀請妳來拍照嗎？順便來辦場足球派對吧，妳知道的，我一直想找個理由，讓大家來看這房子有多美！」

她是我見過最愛找廢墟的女人。她找來那些破舊農舍、陰森教堂和廢棄城堡，大多斷壁殘垣、寸草不生，在我眼中已然是作古屋；可我們做朋友的都明白，她不僅是北義最具代表性的女性建築師，也是個會將壁癌套個畫框、說那是動態裝置藝術的鬼才。

我之所以會認識她，主要是平常我喜歡上網逛Airbnb，幻想自己哪天下班後，能夠瀟灑背起行囊說走就走，如果要走，那到時要去哪？又要待在什麼樣的生活氛圍裡？就這樣大海撈針的，伊麗莎改建於 13 世紀的羅馬塔樓，名為羅埃羅的公寓偏被我找到；我對這間公寓印象最深，就是她把一張鮮紅大床，直接擺在客廳的正中央。

我為此情不自禁傳訊息給她：

親愛的伊麗莎貝塔：

　　妳的房子若不是瘋子就是天才設計的，充滿荒誕戲劇性、大膽破壞性，那就像我畫完一幅乾淨的畫，就喜歡找地方把它弄髒一樣，真希望將來我也能有一間不落俗套的房子。

我們因此成了筆友（多感人，在這鍵盤當道的年代，還有人情願提起筆來）。我將裝過臭豆腐的紙袋飄香到義大利，她從信紙聞來說跟臭掉的鳳尾魚沒兩樣；她寄來無數堪稱恐怖片的勘景照，告訴我那些沒人重視的地獄有多美妙，經她翻手後肯定不是這原貌。

　　就這樣，我們總是又期待又怕受傷害地打開彼此的信件。素昧平生，我們也總是那麼真誠，傾訴彼此事業與愛情的前世今生。尤其她告訴我那兩段刻骨銘心的婚姻，仍讓我記憶猶新。

我望向睡死的丈夫，每天都在想，這難道就是我往後五十年的人生？好吧，我會用「死」這個字，恐怕有時也不太希望他醒來。他很好，但醒來便彷彿是這世界的主宰，年少輕狂時妳會覺得這男人真帥，但隨著他啤酒肚越來越大，妳只會替他感到遺憾。

第一段婚姻，伊麗莎情願做個男人背後的女人。當時典型義大利男人將妻子養育兒女、烹煮三餐視為理所應當，彷如在婚姻裡，他們永遠是天秤的那一端。後來她選擇離開，進而遇見同為建築師的丈夫。

很有趣，也萬分諷刺，一個男人當初愛妳的原因，也可能是他日痛恨妳的伏筆。其實他不明白，我不可能去選擇一個比自己糟糕的男人，可或許他打心底不容一個跟他一樣優秀的女人。

第二段結褵，她的男人難以接受足以站在丈夫面前的妻子。兩人熱戀時，對方深受她那才華洋溢和獨立作風的吸引；可當兩人共同打拼事業，想法多有摩擦，她努力把光環留給丈夫。可日子久了，她也有自尊，她不明白真正的愛，為何要使人感到卑微？

於是這回她帶著一雙兒女，再次選擇離婚。

她信裡侃侃而談：

很多女人不敢離婚，在於恐懼，很害怕自己會一個人，這「一個人」包含遠超過經濟考量這類表面的因素。我化解恐懼的方式就是找事做，別賴在家裡不動，去擁有自己事業、保有妳的生活、找到值得結交的朋友。

那妳還相信愛情嗎？

當然，為什麼不？

伊麗莎信裡溫柔地寫著：

親愛的，這時代不是要妳堅強得不需要男人；我們一直以來求的是平衡。

而我真慶幸到了義大利，才知道她事業多成功。否則，我不知道自己是否會因為她的成就，下意識去判斷她的離婚是否正確——就如同我這段長征，如果沒有帶回任何成績，我也不確定有多少人會認為這是一趟有意義的旅行。

可無論如何，我已來到阿斯蒂。正跟著伊麗莎來到她那鬼斧神工的家——就在羅埃羅公寓隔壁。這裡是她專屬的獨處空間，大多時間謝絕拜訪；她認為大家聚在一塊，各自也仍然是個體，都要找到能釋放自我，也還能是自己的所在。

當我拜訪這間最能表現女主人內心的住宅，一進門便看見廚房刀劈似的，橫越過客廳，像我們只要是人，那命裡就總有破綻，但多半只能隱藏起來。牆上還有幅陌生男子自畫像，伊麗莎從廚房走來，一貫地坦誠：「那是某個死去的男人，我也不知道他是誰。」她的語氣就像這男人應該要慶幸，他還能如同活著的時候照到陽光。

　　時間還早，我拿出塔薩羅洛的美酒，她索性用托盤裝拾些帕馬肉腸、麵包棒和托馬乳酪到陽台；乳酪她喜歡大塊大塊的，原模原樣，要吃就自己切。適時，我會入境隨俗來點金巴利酒，但她也不逼妳，她說我們這歲數已然活到毋需勉強自己。

　　晚餐她邀我去塔樓對面的紅惡魔小餐館。這是間強調食材源自當地，追求化繁為簡的新興慢食餐廳。主廚恩里科很擅長利古里亞家鄉料理；但重點還是伊麗莎今天不想做菜，她只想跟朋友好好吃飯。

　　夏日，她選擇坐在戶外，我們搖晃著灰皮諾（Pinot Grigio）白酒，享受恩里科家人溫暖親切的招待。而能讓每道菜更加美味絕倫的功臣，是我們都很喜歡的侍者麗娜，她很擅長邊介紹、邊掉些食材讓我們拾牙。在她口中沒有「鮭魚灑點鹽巴」這類無濟於胃的說法：「我們會灑上切爾維亞鹽，妳吃的時候搭配醃漬刺山柑，並抹上紫蘇鮮奶

油，這會讓鮭魚油脂芬芳像海浪般，直達妳鼻尖。」

我對此欲罷不能，在麗娜的推薦下還嘗試些新菜，包括酥炸鳳尾魚佐鼠尾草蛋黃醬以及香蒜煎餅佐魷魚蝦腦，這兩道菜義大利文唸起來都像句咒語，效果如若不是讓人永遠話說不清楚，便是讓這頓晚餐永遠沒有結束的那一天。

主菜上桌時，自然是整晚高潮，麗娜對此更加精細交代了一番。我選的內比奧羅紅酒燉牛頰肉，那頭牛曾行經亞平寧與阿爾卑斯山脈的廣大草原，也曾低頭啜飲多拉巴爾泰河的涓涓細流，這跟那些吃著玉米豌豆的飼料牛不同，總歸是「地靈牛傑」一說。

伊麗莎點的烤豬骨髓，則立刻讓人在卡路里面前，忘記什麼叫作羞恥心。她的選擇顯然很正確，此刻鄰桌那面容憔悴的太太，看著我們湯匙裡晃動的濃稠膏物，整張臉都亮了起來。

只是再甜美的蜜語，也無法取代真正的甜品。尤其是現在，麗娜送上的檸檬雪酪，正在我們面前閃閃發光，四周還灑滿現磨的開心果：「這是來自西西里島東邊的勃朗特村，種植在埃特納火山土壤上的聖樹，經養育十年而出的聖果，當地人叫它翡翠般的黃金……」

我們到頭來，沒仔細探究這開心果到底是翡翠，還是黃金；但總歸在煽情的言詞下，適可而止地沒再來杯甜酒，好讓明天有重新邂逅的理由。

　　今晚，我們的心情都實在好到不能再好。伊麗莎邊舀口雪酪，邊開始發表對足球派對的構想。其實我本來沒有太多想法，可聽她興奮萬分，說得歷歷如繪，我也似乎被點燃「該為生活做些什麼」的樂趣，尤其在這個愛吃絕非罪惡、還可能是美德的義大利。

— — — —

　　說好的足球派對將在這週六到來，伊麗莎心知肚明，皮埃蒙特獨有的鄉村開胃菜（Merenda Sinoira），最能讓她那群挑剔的饕友們，毫無反抗能力。

　　這是源自 18 世紀北義農村的飲食習俗：早年電燈還沒發明出來，家中婦女會在傍晚 5 點，用布巾包裹好風乾肉腸、乳酪和麥桿果酒，送去給丈夫，人到農田便將布打開鋪坐地上，夫妻倆便在田野間犒賞一日辛勞。

伊麗莎的接風開胃酒

演變至今，開胃菜意指親朋好友相聚，用美酒來澆灌彼此，寄情於鄉村菜餚的饗宴。近年北義人很流行藉此來展現社交魅力，畢竟開胃菜準備起來沒有很難，你只需要尋塊橄欖木砧板、花俏的冷盤乳酪、喝不盡的美酒和一些想像力。

可是開胃菜的成功與否，關鍵還在上乘肉品。義大利人雖說不至於無肉不歡，但見到肉仍會感到富饒無比。自古以來，當地人又那麼喜愛狩獵，與其說喜歡食物放到嘴裡的滿足，他們更熱衷於找尋食物的過程。

可好食材去哪找去？

按照伊麗莎的說法，當她籌備一場聚會，她肯定不會一次在超市裡解決。她說，你必須讓自己忙起來，別貪求方便，真正美好的食物都需要費心尋覓，永遠別低估浩瀚無盡的飲食溯源，與自己獵食的能力。

或許飲食從來就不是純求飽足的感官享受，它是貼近在地的生活經驗，從不辭辛勞採買食材、到與攤販你來我往，又或花一下午時間在廚房裡琢磨，這都讓端出來的食慾更添風色。

而我們選擇在派對前一天，來拜訪世代屠夫帕瓦內洛

先生。他的家傳肉舖就在維拉聖塞孔多小鎮，他的店面按照伊麗莎的說法——就像女人的珠寶盒，沒有道理嫌寶貝太多。

　　帕瓦內洛一見來客，就從後方冷藏室提著串紅色瑪瑙似的東西，逐自切了兩塊朝我們遞來。我生平第一次生吃絞肉香腸，從不知道能這麼好吃，那軟綿如羊羹，油潤不膩，還伴隨杏仁果的香氣——伊麗莎也這麼覺得，我們立馬決定帶些回家。

　　我們還買了很多皮埃蒙特當地的軟質乳酪——拉比奧拉。不僅如此，兩個貪得無厭的女人，再買了瓶多切托葡萄酒。大包小包提上車後，伊麗莎提議回老家走走：「反正一會兒就到，不如在那晚餐？」我為此放棄多嚐兩片帕瑪火腿的機會。

　　哪裡知道義大利人的「一會兒就到」，大概是兩個鐘頭。從肉舖出發，就這樣開了50多公里，來到一座森林的邊界。我抬頭朝四周望去，不禁嘴裡「咦」了聲，因為這裡雖離市鎮不遠，卻像個寧靜村落，你能看見斑鳩與遍地紅杉，眼前香碗豆花漫開成走道，一路蜿蜒至褚紅城牆，牆面上是我見過最美的碧綠百葉窗。

　　這麼美的老家，伊麗莎說她總是待得時間太短，她

16 歲去了美國，離行前只帶上父親一句話：「記得家對於義大利人而言，就像一顆經年累月的石頭。」

後來她回國，從事木工的父親要她放棄畫些美麗衣裳，去畫些冰冷城牆。她不搭理，只覺得人生沒有非得二選一，所以先到羅馬念服裝設計，再從杜林考取建築學位，結果她最終走向建築師一途：「因為我喜歡挑戰自己，比如妳怎麼把歸屬感設計出來？」

當她開始構築每一個人對家的想望，她體會人們會將自身不安全感的投射，或者所閱歷最美好的事物，盡往家裡藏；她也才稍微明白父親當年想要留女兒在身邊的方式曾如此委婉，他想成就女兒的作法在當時也十足勇敢。

傍晚，伊麗莎帶我從廚房後院走出去，穿過雪松彎成的門坊，來到她老父親的書房，從書架上取來本日記，**翻開夾著書信那頁**：「就這個，他寫得真好。」這位老父親在 1986 年 10 月 25 日，提筆寫下一段話，至今成為女兒在建築業發光發熱的初心——

孩子，
妳要知道只要離開美好的家，
人生都將是一場冒險。

可別害怕，孩子，
因為妳不曾失去家，
妳終究會在現實與過往時光中去經歷它。

━　━　━　━　━

距離足球派對還有 8 小時。

我們現在什麼都不缺，就缺美酒。時間所剩已經不
多，伊麗莎還是很堅持要去酒莊買回來，她費了周章，終
於聯繫上阿爾菲里侯爵酒莊（Marchesi Alfieri）的現任莊
主——艾瑪願意破例接待。

我們沿著阿爾巴山脈，一路開往位於聖馬爾蒂諾村的
至高點，來到這座 300 多年的巴洛克式古堡，如今這座城
堡被整片百年雪松簇擁著，葡萄園金綠迷幻，陽光正穿透
雲層照耀大門，艾瑪像從光裡走出來，我們也懂得朝光的
方向走去。

我們隨她走過花園，來到一座不起眼的庭院。眼前老
椴樹盤根在廊頂，酒窖就安藏在這樹底下，如同一條載滿
櫻桃漿果的長河，瓊漿芬芳。艾瑪慷慨邀請我們品飲數款
佳釀，最後我們順利帶回美酒，我也帶回對義大利酒的好
印象。

伊麗莎老家的客廳與廚房

回到阿斯蒂，史帝芬已在宅邸外等候。依麗莎先前拜託他找個鐵匠，在水晶燈周圍做出個球體，行星環繞般，才不會看起來太老氣。史蒂芬做事一向靠譜，他將燈具掛好後，朝我比向玄關那 1960 年代石楠木桌檯：「這寶貝我只跟她收 200 歐，我寧可賣給懂得欣賞的客人。」

　　伊麗莎確實是個品味出眾的女人。她從來不為裝飾而裝飾，全憑直覺只挑自己喜歡的，便能讓這屋裡都有個樞紐般暗藏呼應，且都在極力展現屋主的脾性，彷彿不若如此，一切便失去意義。

　　這些品味多來自她自幼耳儒目染的阿姨——杜林盛名遠播的花藝師伽西莉亞。伊麗莎說任何人的婚禮有她，便已然得到上帝的祝福。而她今天也到場祝福伊麗莎。她先是拿出幾個小玻璃瓶，每瓶裡隨興插幾朵花，在桌面中央堆一塊，就成了長形花圃美不勝收；伊麗莎趁這時候抱來大桌燈，想讓客廳更亮些。伽西莉亞卻要她擺著作裝飾，走過去將窗帘拉到一邊，光線一穿過玻璃燈盞，映照出海棠色牆面，這裡瞬時成了座歷史悠久的聖母教堂。

　　待一切就緒，伽西莉亞像個安慰完孩子的母親，開了小夜燈後離去。但捨不得入睡的賓客紛紛摩拳擦掌，搬來電視、開來美酒，眼前所及到處都是食物，人們彼此分享美食的熱情程度，就如同他們在澆活一盆迷迭香。

等到足球賽準時開場，我親眼見證方才彬彬有禮的紳士們，下一秒成了對電視機高唱國歌且鬼哭狼嚎的狂熱份子；只不過忙著拍照的人，總是容易像個局外人，我異常冷靜，而他們在我這種冷靜中異常抖擻，伊麗莎不喜歡這樣，朝我遞來杯蜜思嘉甜酒：「Hey Jade，妳得放下相機，我們又不是一群意外擱淺的海豚。」

她不知道的是，躲在鏡頭後面的我，不知為何在被喧鬧淹沒時，不斷想起伽西莉亞的眼神，我總覺得她憂傷得不明所以；同時，這個女人又堅毅得讓我相信，就算這世上所有花都謝了，她的根也依舊在那。此刻，我只想拿起櫥櫃裡的雞毛撢子，拂去時光襤褸，讓真相顯影。

總比尋常人多些感知能力的伊麗莎似乎查覺到什麼：「妳接下來要去哪？」我答：「尼斯」，那是坐巴士前往西班牙的必經中途站。

她說：「那在這之前，要不乾脆順路，先跟伽西莉亞回到杜林？」聽見這話，我又雀躍又不明怔忡為何而來，可能是壓根都沒想過，就這麼一念之間，一次隨心駐紮，都將會左右命運。

Madame Maria Cecilia Serafino

義大利杜林
國寶花藝家 伽西莉亞

**用自身供養晃動的時代裡
熱切需要養分的人們**

她將世人厭棄的敏感，藉由花卉轉換為高度的創意。而她的創作中總少不了茉莉，以思念生命裡最重要的兩個男人。透過一場義大利婚禮，她想讓我們明白，花藝家如何用自身供養熱切需要養分的人們。

義大利婚禮
創造幸福
花藝與美學

原先我打算沿北義邊境、前往南法尼斯，再到西班牙北邊的巴塞隆納。但伊麗莎勸我多留幾個禮拜，她說杜林是義大利的肺——撇開僅次於開羅的埃及博物館、飛雅特汽車原廠，還有那塊聲稱耶穌顯靈的裹屍布不說，薩伏依人在那留下皇家別院、優美花園和沿街長達 18 公里的柱廊。何況伽西莉亞的花坊就在市中心。

伽西莉亞也似乎老早就在等我來杜林。她想必從哪聽來我還沒去過美酒聖地巴羅洛，開口便說她正好有場婚禮，將在那舉行。誰能料想她這百忙中牽線，竟讓我避開了一場恐攻。

當時我們正在聖卡羅廣場的露天餐廳欣賞公開演出的《蝴蝶夫人》，曲間來到第二幕，秋秋桑見她日思夜想的丈夫終於歸來，她高歌起《美好的一天》——此時彼刻，尼斯濱海煙火綻放，人們慶祝國慶；突如其來一輛貨車沿著海岸線衝撞旅客，司機拿起機槍掃射，傷亡慘重。

從杜林到尼斯也就 3 小時路程，可是我們什麼也做不了。人們只能低頭看向手機，面色凝重不語，隨著演出掌聲越來越稀落，終於有人按捺不住離去。

恐攻風波就這樣持續好幾星期，沒有人有資格去慶幸什麼，但活著的人總歸心裡難安。這段時日我總想著離開

臺灣，就覺得世界離自己好近，但究竟以前憑什麼在臺灣享受安逸時，卻對這世界發生什麼漠不關己？

這些天，我把自己關在房裡，我不知道拿什麼去面對僥倖。幾次聽見伽西莉亞在門前徘徊，她沒說些安慰話語，反倒什麼事都找我一起。於是我走出房門，隨她早起整理花卉，也隨她將要出售的薄荷裝進麻袋裡。

日子一天天忙碌起來，眼下是茉莉盛開的季節。

花坊不時有需要心靈安慰的訪客，無論是意興闌珊的黃斑紋貓，又或愁眉苦臉的落魄文人——大家都來到這；因為這座 19 世紀的老別墅有股凝聚時空的魅力，也不知道女主人是怎麼讓這裡四季百花盛開，以致於樓牆漆泥總帶有玫瑰花香，風車茉莉不經攀藤在各個角落，你幾乎不會相信大門打開便是繁華街道。

這段時日，我拜讀了伽西莉亞的《六片翅膀的花瓣》。她將花卉轉為裝置藝術的功力在 1980 年代達到爐火純青，她用辣椒編織過波斯地毯、也用栗葉揉出長袍，她還仿效文藝復興畫家阿爾欽博托（Giuseppe Arcimboldo）堆砌過水果花藝車。

書是伊麗莎送的。她說阿姨經手北義貴族婚禮到喪

禮，跟著他們遊歷世界各地，先前杜林奧運也由這位國寶花藝師親自打理。我多次觀察伽西莉亞的雙手，和農夫擁有粗厚指頭、獵人長出巨大手腕不同，那是一塊上好且古老的繡布，遠看活靈活現，近看千穿百孔。

這源自她從小生長在花園，跟著父親習花、種花，還開墾藥草花圃。在她童年最美好的回憶，大概是爬上犁車，要父親過來揹她採花，也就從那時開始，她便知道自己將來會愛上一個身上覆滿茉莉花香的男人。

伽西莉亞擅長用隨手可得的生活小物呈現花藝

長大後，伽西莉亞沒有受到學院派教授的愛戴，反之被拒之門外。只因為她是如此熟悉花園裡自由生長的紫菀、星芹和香雪蘭，卻對學校傳統硬性的藝術表現，感到極為陌生——在她看來，那足以消磨一個人追尋美的熱情。

　　1970 年代，伽西莉亞決定自行創業，並發表花卉個展。在系列跳脫框架的作品中，她提倡去建構花卉與建築之間的關係，進而廣泛結合人類的生活行為——從她開始，花藝家和賣花的人最大不同，在於花藝家要把自己變成植物有機的一部分，用自身供養一個晃動且帶有情緒的時代裡，熱切需要養分的人們。

　　她的花坊逐漸走上軌道後，伽西莉亞結識了那位身上覆滿茉莉花香的摯愛。可命運乖舛，她生命最重要的兩個男人都在短短幾年，相繼離世。她為此沉寂很久，甚至有段日子她不斷自囿，想找出茉莉能夠永不凋謝的方法。

　　直到伊麗莎載她舊地重遊，走進父親造的花圃。她席地躺在草地上，就這樣望著天空，沉沉睡去作了場夢。夢裡只知大約在 1965 年的秋日，她再次看見喜歡早起喝杯羅馬式咖啡的爸爸，沿途在松樹下散步，一路走到朗格丘陵高處回望著杜林，可他說暫時不想回去。接著丈夫的聲音從身後傳來，說他在一處從未有人提及的地方，他用帕

韋澤的詩描述：「那裡樹上會結著果子，底下流出的是文字。」

伽西莉亞從夢境中睜開眼，殊不知又到另一個幻境。她仍躺在草皮上，雲朵七彩光耀地，像極她和先生曾經流連忘返麗貝城的那幅鑲嵌畫。她深吸口氣，發現自己變成一朵茉莉，花香撲滿渾身，那是正當綻放的青春——丈夫像過去每個夜晚在她身側，望來那幽藍如南海的眼眸，笑著問她：「要妳在這美景裡醒來，妳又是否願意？」

最終，陽光仍將她擾醒。她剎那體悟人生沒有什麼好遺憾的，但凡錯過的，我們總能在回憶裡重遊故地；她說：「我不知道天堂究竟在哪，可倘若世界是一座花圃，我想做一朵茉莉，也種下很多幸福的茉莉，讓他們在天空能聞見我的思念，也或許在他日，能摘下我繫在他們的耳際。」

━━ ━━ ━━ ━━

這肯定是場世紀婚禮。

眼前這對伴侶，將擁有世界文化遺產——朗格丘陵的祝福，在巴羅洛城堡成婚、在酒莊宴客，而我將伴隨新人步入禮堂，見證伽西莉亞所言：「新人會穿著神聖花袍，陽光會在他們頭頂上化為美麗的冠冕。」

毋庸置疑，在義大利結婚肯定是全球夢幻婚禮的榜上名單。他們重視傳統、融合娛樂，縱然從北到南，風俗大相迥異，可熱鬧歡愉的程度向來不負眾望。

伽西莉亞說，現在義大利夫婦對於婚禮越來越節儉。可再如何精打細算，新人對於婚禮開場，仍會希望在市政廳或教堂舉辦，他們期盼有個神聖且受到祝福的儀式，好無愧於心地拿起贖罪券前往徹夜的饗宴。

那這充滿儀式感的場合跟吃飯的宴會廳，就成了花藝師大展身手的地方。就在我們抵達酒莊，花卉佈置也就朝這兩方向如火如荼地進行。我們從後車廂搬出玻璃花器，伽西莉亞用洋桔梗和綠石竹創作主花，再零星點綴些葡萄，好呼應葡萄園婚禮。

接著，她將燭燈高掛屋頂。靈感來自傳統義大利花園「重視倒影」的做法——人們會將丹青與無花果樹遍植湖畔，又或任由飛燕草沿著湖邊蔓延——可想而知，當天地倒映一幅淺絳山水，那會讓視覺顯得更寬敞。

等到搞定宴會廳，伽西莉亞又搬來兩簍竹筐，只見矮牽牛生得繁茂，可她覺得有些單調，於是帶上幾朵碧綠繡球、茉莉和山桃草，準備送往市政廳。一旁侍酒師正好整以暇面向陽光擦他那三百支酒杯，不知在說誰似地喃喃自

語：「沒完沒了。」

　　市政廳離葡萄園很近，跟巴羅洛城堡比鄰而居。19
世紀中葉，法列堤侯爵與朱麗葉女爵曾住在這裡，或許因
為女爵是法國人，她找來釀酒老鄉烏達爾，挖掘優質土壤
地塊，未料，一舉翻轉巴羅洛為宮廷權貴美酒的地位。

　　伽西莉亞說這裡春天時最美，5月花開的毛茛隨處可
見。所幸酒香是四季撲鼻，無分季節。我們就近拜訪幾家
葡萄園，人們一聽我們前來辦婚禮，喜事人人想沾，那些
惋恨不及拜訪的酒莊，店家有收藏竟也拿出來。

　　待我們返回市政廳，婚禮已延近20分鐘。6月的義大
利沒有在開玩笑的，廊外賓客早已曬成海灘上的鵝卵石。
他們全仰賴僅存的尊嚴，盼望能來點寬慰的風，尤其是利
古里亞拂來略帶濕氣，讓人頓時像臥躺在青苔上的那種；
可惜沒有，怎麼可能會有？方圓百里，唯一流動的氣體只
來自人體器官。

　　接著再等上另個20分鐘，我逐漸感到人們歡聊的熱
切不再。實在太熱了，眼前這位戴寬帽的男人，再也忍不
住跟太太取來摺扇，拼命搧了起來。

　　終於！助理抱來花炮。新娘幸福洋溢挽著父親進場，

我們滿頭大汗跟在後頭。

　　我們眼光也不免落在新娘的背影，具體來說是她那禮服上——更細緻地說是那造價不斐的阿朗松蕾絲禮服上——隨著她婀娜走動，葡萄藤蔓彷若能結出果實來，真是栩栩如生，這讓在場女仕又妒又羨慕，我望向其餘男性接近狂喜的表情，真不知是讚嘆工藝？抑或感謝苦難終結？只見他們紛紛踴進陰涼的城堡裡。

　　誰知接下來的半小時，這對夫妻的婚禮誓言，就像一首《末日經》。從整日飢腸轆轆，連顆橄欖都還沒下肚的女仕們表情看來，比起冗長且了無新意的誓言，婚宴美食不啻才是她們的信仰。她們正在祈禱新人用里考塔乳酪來油漆宴會廳的白牆，等會還能坐在迷迭香馬鈴薯製成的椅墊上。

　　當新人走出市政廳，歡呼聲此起彼落，鮮花成把地灑完後，嘉賓們如狼似虎來到宴會現場；只見侍酒師蓄勢待發，那把開瓶刀都已磨出火光。

　　窯爐邊，戴著高帽的那位大叔，負責照顧我們這群高貴的反芻生物。他用川流不息的氣勢在跟你說：「你吃得多，往後才能存放更多，不是嗎？」在他的號令下，侍者端出蒔蘿泡芙、荸薺菜餡餅、茴香比目魚卷、薄片犢牛和

牛肝菌炸米糰子，還有這盤鑲著櫻桃番茄的佛卡夏，就像一條「妳肯定會買，但很少用到」的性感衣褲，近在咫尺之遙，我和伽西莉亞都把它放進盤子裡。

這些都不過是些開胃菜，即使妳已經吃到打算下輩子再來，婚禮筵席還是馬不停蹄從前菜展開——這回是風乾牛肉卷佐山核桃沙拉、野蕁麻麵疙瘩；當義式東坡肉——辛塔豬頰整片端上桌來，我順手大力切開，這肉裡塞滿蒜泥與鼠尾草醬，混著牛骨髓的濃郁醬汁，連參加超過四百場婚禮的伽西莉亞，都不諱言：「今晚饗宴實在可圈可點。」

隨著天色漸暗，人們的自制力也開始搖搖欲墜。一個男人朝我走來，酒杯貼近我臉頰，口氣曖昧地說：「女孩，何不多喝幾杯美酒，好讓自己更清醒？」

我聽了心想這場義大利婚禮，簡直像坐趟長途飛機。任何沒吃到正餐的乘客，又怎會輕易吞下安眠藥？而想要前往這片令人胃口大開的樂土，方法很簡單，你只要將禮義廉恥拋諸於腦後，並且再三確認你的胃沒有阻礙到你的呼吸即可。

最後，我和伽西莉亞都一致認同榛果巧克力蛋糕近乎完美，雖然隔壁紳士盤裡的漿果杏仁塔也很誘人；無論如何，侍酒師端來的風乾甜白酒有口皆碑，我們無從挑剔再多。

這場婚宴就此延續到午夜，也可能延續到日後新人那份難忘的帳單。「恭喜新郎新娘！」一高呼，婚禮高潮來到新人切下結婚蛋糕，所有賓客步入花園中庭，盡情隨音樂歡擺，直至凌晨，才帶著既滿足又難為情的表情離開；忙了整晚的侍酒師見狀，收拾起那三百支酒杯：「他們那是在為來者不拒的胃腸感到羞恥。」

「可他們不會覺悟的。」伽西莉亞接續道，你若不信，明早出門，他們會欣喜萬分、高談暢論今晚的婚禮，而義大利人除了會問昨晚新娘很漂亮吧？接著便會問：「橄欖

好吃嗎？帕馬森又是幾個月熟成？」

— — — — —

　　旅行時常是這樣的，當你準備離開一座城市，通常是你正當熟悉她的開始。

　　這些天，我都覺得杜林的板塊在移動，它是活的且變化無窮。在這些中世紀、羅馬與巴洛克融合的建物之間，你能見到大樹林立路間，樹木奇巧萬千，時而像朝天際伸懶腰的稻穗，轉眼又若森林深處蒼白的蘑菇，她們又高又大，一點都不真實。

　　所謂那些文人精神之所在，則大多聚集在我最喜愛的城堡廣場，也在鄰近波河大街的老房，詩人帕韋澤以及晚年尼采都曾經住在那，他們高度流動的文采以及生命陰影的伏埋，都在杜林曖曖內含光。

　　這些年，伽西莉亞將花坊規劃為表演場域。話劇、美學乃至食藝，都在此形塑豐富且活潑的面貌——對杜林人而言，杜林皇宮（Palazzo Reale di Torino）與夫人宮（Palazzo Madama）固然是皇室藝術與貴族詩歌之所在，可這座花坊無疑是你能喘口氣，繼續向前走的避風港。

前天，我參加她和導演弗蘭卡，以莎士比亞《仲夏夜之夢》為藍本的花卉舞作。她們找來舞蹈演員雷齊婭，由她一人分飾多角。角色分辨方法在於伽西莉亞設計的花冠。很明顯地，我們臺灣人用假花是代替鮮花在陽光照不到的地方，可義大利人用假花是避免讓鮮花多受折難。

我看她都用人造花來製作花冠，光是仙后就用上天堂鳥、牡丹和薔薇等十多種花材，呈現百花爛漫、仙氣繚繞的姿態。

演出那天，伽西莉亞邀來的都是熟客，他們穿著得體，談吐出眾，感覺書念得很多，大多時間他們都各自偕同親友，參觀這暗藏變化的杜林綠宅。

也不知道什麼時候雷齊婭已換了一身綠紗，一路高聲從花園中庭舞至內廳、來到後院，她隨機變換六套戲服與花冠——最後像朵盛夏玫瑰佇立花叢，人們如痴如醉，我和伽西莉亞從巴羅洛搬回來的美酒，也在眾人杯裡搖晃。

《仲夏夜之夢》講的是無畏追求愛情與理想的故事。如同伽西莉亞所言，我們都像這些花，曾經對夢想保有嚮往，熱情無人能夠阻擋，但隨時間流逝，我們受過人生磨礪，現實磕撞，我們的靈魂乾燥了起來，我們的勇氣隨之枯萎而變成社會裡的小人物。

在她看來，義大利人很能接受生命自有變化，經歷失去與衰老在所難免。她回想年輕時的傷痛，像是小時候互相對看的遊戲，只是規則改成誰哭出來，誰就輸了。中年時的傷痛，是一只細緻精密的鐘錶，它的傷疤全藏在你不拆解開來，你看不見的暗處。失去摯愛的傷痛，則是你每每都想將那一天的日期，從日曆上擦掉，從回憶裡抹去。

當面對傷痛，我從她身上體會——小到生活細節，大到待人處世，我們都能去改變對人生的承諾，好比去認知一個人的幸福，有時候也在於你有能力讓別人的幸福更完整。進而體會，一個人在時光的皺摺裡，從存在到逝去，才是最貼近人性與自然的事情。

耳濡目染地，我在離開杜林前也逐漸變成一個「花心」之人，培養一顆擅於覺察美、發現美的內心。並知道在未來的日子裡，我將能不斷在平淡無奇的生活中，尋找樂趣，也能在千遍一律的呼吸間，嗅到茉莉。

後天早上，我將再次見到矢車菊花環在後照鏡下搖晃。

可這次來接我的是別離。我已然從此刻開始想念，想念每日清晨我聽見那石頭滾動的聲音，伽西莉亞的小貨車緩緩步入桃金孃古道，而兩旁檸檬樹會像一整排慵懶的街燈，隨那晨光耀滿綠松石色的矮牆。

伽西莉亞特別為臺灣讀者創作的作品《壽司》，
觀察自然，體現藝術，
每個人都能擁有花心

Madame Eva Martínez

西班牙托雷洪—德阿爾多斯
水果食譜作家 伊娃

討厭一個人，別急著要他下地獄
只要在他面前吃得像國王

伊娃父母經營水果行，可她從未想要繼
承父業，只想學會如何可以在自己的庭
院種想種的水果；先生看見妻子的烹飪
才華，要她別只是為了男人下廚，鼓勵
女人生完孩子更應該要重新開始，她遂
而從父親送來的水果得到靈感，成為西
班牙炙手可熱的食譜作家。

跨越舒適圈
中年辭職
做自己的老闆

夏季就快結束了。回想去年此時，我正收拾行囊，準備出發歐洲，轉眼間金合歡又開綻在我眼前；這兩天克萊莉傳來消息，聽她說天氣時不時陰雨綿綿，我說英國嘛，雨下得跟高掛樹梢的龍眼似的，所幸夏日惱人的蒼蠅也預備過冬，終不再令人掃興。

「這時節不是該播種嗎？」我回她。「是啊，這兩天拔光最後一株大麗菊，正準備在土裡施肥，明年 5 月妳又能見到紫色鬱金香嶄露頭角，現在呢，準備往南避寒了吧？」她這一提侯鳥南飛，我倒想起克萊莉曾遠赴西班牙求學。

那時她所描繪的西班牙，傍晚 8、9 點，天依舊清亮；從生活調性而言，當地人熱愛散步，夜裡人們像秋季熟透的蘋果，一下全散在草皮上；你想，有人的地方，餐廳就沒道理關門，那裡像是個從早吃到晚的人間天堂。

她現在這通電話對我來說，就像是個預兆，全世界的吃貨都知道接下來該要去哪。於是我二話不說巴士長征，歷時 11 鐘頭，從杜林途經南法，再轉往巴塞隆納，坐到我屁股都跟主人反目成仇。

如今，我人就在整個西班牙的東北角——巴塞隆納，一個地底下還藏有羅馬古城、釀酒廊和浴場的地方，從這沿著 2000 年前的渠道一路向東，便能走向地中海；一路

朝北，橫跨庇里牛斯山則直達南法，西法兩國交會點上
——還住著納瓦拉王國遺族巴斯克。

也就從巴斯克、加泰隆尼亞、卡斯提亞——整個東北
乃至中部區域，三大民族之間飲食風俗迴異，只因這裡終
年少雨，荒野漫畑，無數山巒從地塊間隆起，也隔絕他們
彼此的關係。

南邊還有安達魯西亞人，多是改伊斯蘭教為基督徒的
摩爾民族。吉普賽人則不改漂流心性，在西國各處流盪，圍
著野火跳佛朗明哥舞。你不難想像這片國土有多麼難駕馭，
當年西班牙的伊沙貝拉女皇，又何以政教合一來作為民族間
的聯繫，並唯恐內亂去耗盡這個國家的大量精力。

但這也造就飲食成為這國家最為迷人的內涵。你若翻
過達利傳記會發現，他沒曾想當什麼藝術家，反之是一名
大廚。如若任何人想透徹西國飲食文化，當地人會說：「告
訴我你吃什麼，我就知道你從哪裡來。」

按此邏輯，靠海民族嗜吃海鮮，往內陸走逐添肉慾，
南方天熱盛行啤酒配炸魚；那像加泰隆尼亞，跟臺灣類似
環山臨海，人們肉食和海鮮也總堆在同一盤菜。

巴塞隆納倒像隻妖豔的孔雀，17 個自治區珍饈匯聚

於此，富庶居於全西班牙首冠。我來此地除了受克萊莉所描繪的美食感召，便是要拜訪當地擅長以水果入菜的食譜名家伊娃，她因工作關係往返巴塞隆納與馬德里、擁有豐富餐飲網絡，也具備足夠經歷，帶引我領略西班牙的美食變遷與陌異。她告訴我：真正能夠帶你走進西班牙內心深處的，必然是社區美食，那些深埋巷弄間、需要些運氣才能碰見的鄰居雜貨店（Colmado）。

我在那挖掘到粉玫瑰色的阿爾韋薩番茄。它長得跟我們的良心很相像，皮薄容易傷痛，因而無法外銷，紅通通就像一把點燃食慾的大燭火。還有水果界的伊比利豬──梅蒂奇石榴，這兩者都帶有皮革外表，只不過一個紅得發紫，另一個灰得發亮。

她還要我觀察，西班牙飲食文化某種程度是走「死亡前的慶祝」路線。人們都秉持不知道哪時會死的心態，來面對每日三餐，當地還有許多名產都帶有瀕死感。

好比卡羅薩乳酪（Garrotxa）外觀毫無血色，如同一具屍體；陶甕乳酪圖皮（Tupi），據說是庇里牛斯的老牧羊人用橄欖油和烈酒來保存山羊乳，放在常溫熟成3個月，那氣味你每嚐一口，就像聞了某人穿過整天的球鞋。更不用說卡斯提亞人在萬聖節發明一道甜食，名為聖人骨頭；以及西班牙人紀念聖女阿加莎的方式是把她的乳房做成麵

包，真教人寒毛直豎。

所幸每當她想離陽光近一些，就會走到廣場。廣場四周不乏咖啡廳和餐館，不時飄出熟悉的豬油香。也就在阿巴塞利亞市場附近的空地，三不五時會遇見兩名男子，以口哨吹響西班牙老歌，他們吹哨熟練能聽出語調，我想像他們也能隔山跨巒，如同戈梅拉島民以哨語互通往來。

說起這市場，它實在也不是什麼高級的社交場所，好處是沒什麼觀光客。居民平常來這和魚販套交情，找些金頭鯛和野生大菱鮃。可惜伊娃說我來的季節很不巧，入秋的野蘑菇生不逢時，春天燻烤特別美味的大蔥時不我與，茄子四季倒還能尋到，只好買來烤一烤。

所幸市集這附近有一點方便：離馬林酒窖很近。這間酒窖老闆很懂經營之道，把店開得很小，人再少都門庭若市，人們喜歡來這掏出大酒袋，從百年橡木桶裝貯美酒，模樣十分酣然痛快。

伊娃推薦我，來到西國必嚐亞拉岡王國原生葡萄品種──老藤卡利濃。回味一下，那萬人之上的國王斐迪南二世弄得像入贅似，與卡斯提亞王國伊莎貝拉女皇一聯姻，便送上西班牙統一；哪怕到今天，這筆英雄難過美人關的帳，仍有許多人喝不明白。

過去兩週，我按捺飢腸和一位文學與藝術涵養並茂的女人喝咖啡、流連美術館，故作對卡洛斯三世雕像滿懷興趣的同時，卻也不時希望她袖口會掉塊無花果麵包。

直到最近，我終於能步入離伊娃家 2 公里內的約會地點：埃納雷斯堡——17 世紀首版發行的《唐吉訶德》就藏在這鎮上。

她會想帶我來到賽萬提斯的老家，純粹是來看中世紀的廚房。這廚房實在讓人難忘，無論它那暖橙色調與灶爐，都像極《火神的鍛造廠》（維拉斯奎茲，1629），而同樣一把火，男人用來鍛造了戰爭史，女人造就了烹飪詩，詩裡寫著：「如果哪天你討厭起一個人，別急著要他下地獄，你只要在他面前吃得像國王。」

她相信一本名著足以百世留芳，那芬芳多半也從書裡飄香——《唐吉訶德》那位假想自己是個偉大騎士，走上荒誕冒險、濟弱扶傾一生的苦農鄉紳，也忠實呈現 16 世紀西班牙飲食景觀。

伊娃說大家之所以那麼喜愛吉訶德，在於他們的文化基因裡，人們都是能烹善飲的美食行者，和那些撿飲擇食、

大言不慚，撐著大肚皮的饕者不同，西班牙人會沿著地中海不停移動、不停納入廣闊的民族美食，不停浪跡覓找食物源頭。

西班牙烘蛋 |
2 顆馬鈴薯削成片、1 顆洋蔥切絲油炸約 20 分鐘，撈起冷卻後和 8 顆蛋液、少許鹽巴胡椒攪打成泥。一鼓作氣將蛋泥倒入深鍋後，用木鏟沿鍋邊細細翻弄、稍微搖動，表面凝固約 10 分鐘，便可取圓盤蓋上順勢翻過來，再將烘蛋從盤面滑回鍋底，煎 3 分鐘，拿根牙籤插入烘蛋，取出來若乾淨便完成。

她認為這樣的遊牧，換成現代語言便是旅行。旅行使我們能夠觸手可及來自世界各地的食材（這世上有太多食材天生只能被種植在那裡），並透過當地人的口耳相傳，知道該如何將它們帶進廚房。

　　40 多年前，伊娃父親從祖母那接下果舖，為的就是擔任這樣的社區角色，人們把買菜當作社交，長年以來的知識交流是造就這地方飲食蓬勃，並且不失去熱情的唯一秘方。

　　當我去拜訪這對恩愛父母的廚院，伊娃童年率性丟下的枸杞已成叢紅，周圍還掩藏不少黑莓與金銀花。我們坐在院裡的大長木桌，「妳見過榲桲花嗎？」伊娃問，見我搖頭，又說：「它初夏開花，冬季採收，就像一朵巨大版的櫻花，粉白色的很漂亮。」

　　她回想冬季，母親還會將榲桲放在碗裡，不僅黃通通擺設起來好看，香氣也很好聞。不過，如今時節已近秋，最令人期待的該是熬些石榴醬汁，拿來澆淋烤羊，那酸味可以去腥，酒香還可解膩。

　　我一直都以為西班牙柳橙最多，尤其在西國，無論到哪間酒吧都有供應果汁，人們若要以鮮果入菜，不就該挑量多又便宜的水果？

「柳橙又不是唯一的水果。」伊娃說西班牙人沒那麼喜歡吃蔬菜，在於他們坐擁歐洲果物出口的源頭。尤其在這熱死人的天氣，水果可以攪打成汁，用來當作沙拉醬，又或拿去浸成國民調酒桑格莉亞。

有趣的是，我在西班牙買水果經驗和臺灣截然不同。臺灣人喜歡拿起水果，要多少自己裝；我們的買菜文化沒有「插隊」一詞，我們是「共同參與」。來到西班牙，水果只能用看的，你得耐心排隊，等到結帳還得凡事把話說清楚，若隨手朝柳橙比個「2」，店家不會給你 2 顆，而是沉甸甸的 2 斤。

近 10 年，西班牙水果運用在鹹食也蔚然成風。過去甜瓜配火腿算道菜，如今烹飪添果已屬常態，人們時常將西瓜和草莓丟進冷湯；講究些的，烤條魚還得佐檸檬奶霜。

伊娃見這情勢，當然高興，畢竟她家是賣水果的。當水果帶來天然甜味，也帶動著老鄉村食譜的復興，好比她祖母拿手的炒碎麵包，裡頭就用上大蒜、臘腸和白葡萄；每當逢年過節，她母親還會親自炸起甜餅，這道安達魯西亞人傳統用柑橘、香料製成的甜麵糰，用紅薯做內餡，非常美味。

水果在西國還有閨房妙用。伊娃父母是出名的如膠似

漆，父親作為世代忠誠的果農，他種的無花果滋潤飽滿，手指輕捏兩下，就會迸裂出陽光的味道。他深知烹飪是妻子畢生快樂泉源，因此從未因對方食物買多怪罪，如果負債是因食物而來，他也相信那一切都是情有可原。

「我爸媽之所以那麼恩愛，在於她那金槍魚三明治美味無人能敵，還得搭配特製的血橙辣醬。」她停頓一會，一臉俏皮說：「可惜她究竟把辣醬抹在哪，從沒跟我說過就是了。」

當我們來到伯母廚房，一股美妙甜香從磚牆而來；伊娃童年有大半時光在此和一群大人辦正事，她在廚房總感到自己被重視且被需要，這對她往後保有自信不可或缺。

也就在這分寸土窯，這位母親曾在女兒面前，取來一袋麵粉、一盆水，再往銅盆裡堆炭問著：「這世上所有最繁複的菜餚，皆來自最簡單的食材和變化，這裡還缺了一樣食材，妳觀察出來了嗎？」

那時她羞赧地搖頭，如今伊娃露出幸福且堅定的神采：「缺的是時間，烹飪之所以存在是為了找回家庭的凝聚力，甚而讓逝去的人永遠存在。」就像那些年，大夥圍繞銅盆，烤些茴香麵包、嚐點青梅柿果，那是最幸福愜意的事了。

———

　這週末，伊娃終於敞開心門，邀請我同她先生享用開胃菜，電話裡她不斷強調他們吃得很簡單，家裡還有點亂。

　　只是她從哪裡買來那麼大隻的章魚？伊娃自己也匪夷所思。那日她振振有詞，西班牙盛名的下酒小菜塔帕斯（Tapas），已然從那片為了擋蒼蠅而蓋上酒杯的麵包，蛻變成讓烹者發揮想像、食者享受聚會的文化活動，自然最求準備工序的臻活。

　　為此，我們還驅車前往馬德里，去趟百年歷史的拉科魯尼亞魚舖。這舖子在胡安蒙塔爾巷弄間，由第四代第雅哥打理。如今老店翻新，美輪美奐，極目所及，卵鰺、帝王蟹、挪威龍蝦和貝隆牡蠣，紛紛登上耀眼四射的美食舞台，美得你食慾燎原，彷如置身國王的御膳房。

　　仔細想想，我這人從未想過把自己交給上帝，卻不怎麼排斥交給這家魚販。他們總是懂得女人味覺的敏感帶，知道什麼樣的食材才稱得上性感。我無需擔憂藍鱈眼珠泛起白霧、金槍魚也不見雜點、手風琴褶合般的魚鰓更禁得起考驗。我隨手挑條黃花魚，他們會在我耳邊呢喃怎麼料理，西班牙人特有的顫音真是不得了——我只能說想像力過於豐富的女人，向來過得辛苦，尤其身在異國，身邊又

沒有男人能滋潤妳的時候。

說來葛飾北齋，那個畫出章魚與海女孟浪的前衛大師，讓日本女人買根觸腳都羞於啟齒。伊娃倒是神色自若，朝店東吐了句：「加西利亞大章魚。」

店東一聽，興高采烈拎出那巨大章魚頭，把我嚇得「哇！」倒退兩步。可我不知伊娃是礙於面子還是如何，總之，我們買下了牠。章魚買回家得放冷凍庫冰兩天，讓觸腳軟化；可是退冰後，清洗黏液才是件苦差事。你得用上三、四盆水，從觸腳仔細翻洗，若不幸買到墨色章魚（應該是某種不祥品種），吸盤還附贈整圈利牙，拔眉夾這時也只能派上用場。

清洗完還得按西國習俗：把章魚嚇一嚇。作法是來回拎章魚浸燙熱水，先把尾端燙縮，觸腳由細到粗，循序加溫，求得是口感均勻。一般 2 公斤章魚得煮 40 分鐘，可以連同馬鈴薯下鍋，你想添味去腥也可灑些月桂葉，等煮到章魚縮成像剝了皮的柚子，待涼切片，淋些橄欖油、灑點紅椒粉，小酒館裡響叮噹的名菜便完成了。

這樣菜還嫌少了。伊娃打算再來盤西班牙烘蛋。今天她丈夫葛斯特地提早回來，他一進門就跑來廚房，見到大章魚驚叫一聲，彷彿他剛制伏一個歹徒，接著發現另一個

兒手喊著：「酒呢？」於是我們興匆匆跑到熟食行，提壺美酒，還不知饜足買了伊比利肉腸。

葛斯與伊娃向來都是一塊做菜的。葛斯切菜、擺盤兼洗碗，他擅於把廚房忙成一場慌亂；於是攸關爐火、調味及身家性命的要事全交給太太。他之所以這麼甘願，是因為他老早察覺妻子的烹飪天賦，就愛她總能從父母送來的水果，發想創新誘人的食譜。

幾年前，他看老婆從事室內設計工作不大愉快，生了孩子也無暇陪伴，於是鼓勵她開起網站，專門與品牌合作食譜研發。伊娃也因年輕存攢的收入，足以供她另闢人生道路，只不過她也說：「如若女人成功想得捷徑，多半得有個樂觀幽默的伴侶，妳真會感覺自己比較長命。」

西班牙烘蛋算是他倆的新婚菜，看起來容易，做起來需要反覆練習，伊娃說成功的烘蛋要做得像 8 吋蛋糕，裡頭鎖著蛋液橫陳，滴汁不漏。至今夫妻倆還保留一個習慣，每當翻面總會打趣說：「把蛋餅翻過來（Dar la vuelta a la tortilla）！」這句話在當地，意思是哪怕壞透的人生，只要堅定不放棄，終有一天能扭轉局面。

我一入口，便能體會葛斯對伊娃何來至高無上的推崇。你能感受她是多麼樂於傾盡所有，透過飲食傳遞情感，

讓烹者、食者立足灶房皆能平等自信。

　　她的超凡手藝，也讓我明白西班牙人以最後一餐，來面對每日三餐不盡然是種悲情，反倒是提醒人們別等到大限將至，才懊悔自己虛擲一生，把該如何快樂這件事託付給他人，而忘了該如何去珍惜。

西班牙馬德里
餅乾裝飾藝術家 蘿希歐

事業能讓你強壯
但事業以外的興趣卻能讓你發光發亮

蘿希歐站在夢想面前，曾懷疑自己是擁有天賦，還是這社會從不缺多幾個傲慢的叛徒？最終她將甜點愛好與繪畫結合，成為馬德里備受矚目的餅乾裝飾藝術家。並發現，你如若懂得吃便能知曉閱讀，如若懂得烹便能傳遞知識。

修女也瘋狂
天賦與熱情
西班牙甜點文化

前段時間，我寫信給《餅乾裝飾藝術》的作者蘿希歐，跟她告白「我從來沒見過有人那麼擅長在餅乾上作畫」，這說法實在很不得人緣，同樣話語，誰會在企圖登門拜訪的心態下，跟菜燒得不錯，但根本不熟的鄰居這樣說呢？

　　所幸蘿希歐非但不介意，她還邀請我從馬德里驅車近4小時，前往她母親的老家巴達霍斯，去發現最為傳統的美食且更為真實的人群；畢竟大都市包羅萬象就像一本書的總結，可你不會完全了解裡頭故事的情節。

　　我們在鎮上的維森特老舖，一同蘸著巧克力，埋頭吃起油條。細細品嚐，我不禁想起在臺灣，每當提到甜點，人們總不假思索，第一個想到法國。但這世界還有許多各異其趣的點心，好比在西班牙，這群人從早餐就進食甜物，這點對所有甜點主廚無非都是好消息，他們再也不用等著客人吃飽喝足後，永遠將甜食當作結尾，卻要他們承擔壞了一鍋粥的風險。

　　蘿希歐告訴我，西班牙的甜點精髓，都要歸功這數百年間，身兼藥劑師與煉金士的修女們，至死都要把奧妙的食譜帶進墳墓裡去。這背後有段故事，有一群女人聰明設想修女是求得平靜的身分、是一樁嫁給自我的婚姻，她們選擇繳付修道院一筆豐厚嫁妝，藉此逃脫被男人支配的世界。

來自墨西哥的修女胡安娜在 400 年前，便展開 20 多年的修道院生活。她所留下 36 篇食譜，當中有 26 篇為甜食，記錄她白日裡多半在密室閱讀，其餘時間則樂於待在廚房，仔細觀察在麵粉上打轉的陀螺，提筆寫下力矩的所見所聞。她還發現蛋黃能與奶油相容，蛋白則能與空氣為伍，糖的物理運用千變萬化，它的細粗纖厚奠定烘焙的形與狀。

　　後來，胡安娜的詩歌、哲理與女性文學繼可可之後，從大西洋流入馬德里。西班牙人因而學會在烘焙世界秤斤論兩、採取高科學角度去發明近乎魔幻的甜食。綜合他們講求精準數據和創意想像兩項特質，我們可以理解，西國盛名遠播的分子料理，絕非偶然。

　　人們在傳統與靈魂家鄉菜以外，內心也期待見識些新玩意──少數幸運人便曾經坐在世界名廚阿德里亞的餐席上，見他如何改造食物質地，運用氧化鈣作用將巧克力與蔓越莓，重塑成海底的殷紅珊瑚。

　　但若要談前衛新潮，胡安娜「驚喜藏在源頭裡」的烘焙風格也毫不遜色。她那貨真價實的雞蛋糕（Huevos reales），秘訣恐怕是給雞吃的無麥糧食，以及她所使用的蛋量足夠在胃裡闢間雞舍，甚至孵化成一隻鳳凰。

雖然這道甜點以全蛋打發烤出來，那模樣就像洗水槽的菜瓜布，可是巧妙在於你回頭想：這走的不就是一度被奉為潮流的無麩質？而且它冰鎮後，蘸蜂蜜糖水品嚐，真的非常好吃。

你不得不說，老早在 400 年前走在飲食先端的胡安娜，在那女人如螻蟻的年代，她像拿起石錦的大廚，敲開一群固執如堅果的腦袋瓜，提醒人們被世界遺忘、最原始的味道 。這對蘿希歐的烘培生涯起了莫大的關鍵作用，往後她便是站在這塊甜點藝術的基石，去相信一個女人，如若懂得吃便能知曉閱讀，如若懂得烹便能傳遞知識。

她更嚮往自己能成為某種得道中人，從茵廚間實踐信仰，自成一格。可是她跟所有不斷追求卓越的人都一樣，總會不斷自我懷疑，究竟自己是擁有天賦，還是這社會從不缺多幾個傲慢的叛徒？每當這問題出現在她的創作歷程裡，她會回到維森特小舖，靜靜吃根油條，咀嚼心底竄出的火苗。

她還會走進童年玩耍的修道院，睇凝故人闢地種下的茴香、馬鬱蘭和奇香異草。這些草藥像知曉星辰與朝暾般，自幼便懂得朝向光明，就如同西班牙人的心也始終朝拜著太陽。

誰能想見，我們再相見時是在一場喪禮上。

蘿希歐指向弗朗西斯科 1877 年作品《瘋女胡安娜》：「西班牙瘋子很多，但很少有人能瘋得過她。」眼前這女人曾親吻死去兩個月的丈夫，就想確認他是否真要連同她的深情，一同埋葬。

她是伊莎貝拉女皇愛女胡安娜。比起墨西哥修女胡安娜，早出生 169 年，自幼是個備受疼愛的公主，只不過在 16 歲那年基於政治聯姻，嫁給神聖羅馬帝國美男公爵腓力，從此受丈夫外遇不睦，轉眼成了妒婦。

相較之下，她母親伊莎貝拉女皇簡直威風得不得了，在拿下伊斯蘭教最後的都城格拉納達，順利完成西班牙的政教統一；女皇開始忖度胡安娜作為下位繼承人，可是公主沒想理會國家朝政，她只想挽回丈夫的心。

女皇只好立下遺囑，表明愛女若無以治國，便由父親斐迪南二世共同攝政。沒想到女婿取而代之戴起皇冠，斐迪南起兵討伐，正當兩兵交戰難分軒輊，腓力卻因病身亡，胡安娜從此沉浸喪夫之痛，再也無心當個女皇。

此時，胡安娜年屆 30，這頂皇冠將持續陪伴她成為西班牙在位最悠久的王位繼承人。她父親不久奪權親政，

親生兒子棄她為畢生醜聞，將她囚禁在修道院近半世紀；
當年胡安娜進去前是個難掩芳華的婦女，出來卻已是滿髮
灰白、了無氣息的病軀，終年 75 歲。

「妳覺得她很傻嗎？我不覺得。」對蘿希歐而言，胡
安娜這份單相思的激狂，一種近乎偏執的熱情，倒是實踐
夢想的基本要素。只是她坦言無論從前還是現在，追求所
愛都很不容易，有時最強悍的保守力量可能就來自母親。

尤其早年典型「西班牙媽媽」管教嚴厲，幾位年過
35 的當地朋友，便曾向我繪聲繪影，他們幼時和母親一同
吃飯，那餐桌就像連著不斷下降的斷頭臺，還有參加朋友
聚會──談論母親這話題的敏感性，就好比討論加泰隆尼
亞是否應該獨立。

西國父母擔憂的事情總是特別多。這在於和蘿希歐歲
數差不多的同溫層，多半是「蒲公英一代」──他們爸媽
早年從農村來到都市找尋未來。她母親便大半輩子做有錢
人的家傭，父親則在印墨工廠奉獻至退休；在那年代，每
個人都必須勤奮工作，沒有所謂做自己喜歡的事情，甚至
苦無機會去學習。

當蘿希歐想學平面設計（對老一輩便是與畫畫無
異），全家人激辯再三，他們對自己的人生可以輕易繳械，

但對孩子的未來卻執拗地不願妥協。蘿希歐嘗試去溝通：一個人若從事不喜歡的事業，那不過是這座社會機器的小零件，但一個人若為自己工作，那他肯定能成為所在領域的佼佼者。

後來隨她堅持考取藝術學院，成績突飛猛進，還順利找到理想工作——她父母終於想通西班牙那句老話：按你喜歡的方式工作，你就再也不用工作了。9 年前，她將藝術創作與甜點事業結合，更出乎家人意料之外，她母親看見作品第一句話是：「這能吃嗎？實在太美了。」

幸好她從來不願為了美觀而犧牲美味。她從修女胡安娜得來糖的靈感，如同大廚若要烹調得當，便得知曉如何用鹽一樣；她運用咖啡研磨機，找出比糖更薄，比糖霜厚的細糖，讓餅乾烤出來如紙張般平滑完美。

我來拜訪她前，雖然早用那廉價滑鼠爬食過她的作品，但親眼見到她聚焦 19 世紀的藝術審美，繪製墨西哥女畫家芙烈達人像餅，以及為俄國沙皇創作的法貝熱彩蛋，仍是十分驚艷。

她無疑透過餅乾裝飾藝術，找到全新表達自己的方式，以及追求所愛義無反顧的勇氣。這都在於她堅信不疑：事業能讓你自我強壯，但事業以外的興趣，卻能讓你發光發亮。

- - - - -

　　自從西班牙成為歐盟成員，衝擊的不僅是就業挑戰，還包括伴侶競爭。30 年間，西班牙人生活豐富萬千；人們對婚姻忠誠是一回事，生物學本質對異性的渴望，卻有增無減。時至今日，亞拉岡人再也不排斥迎娶西西里人，如果可以，西班牙和義大利這兩國男人，都巴不得日本也算

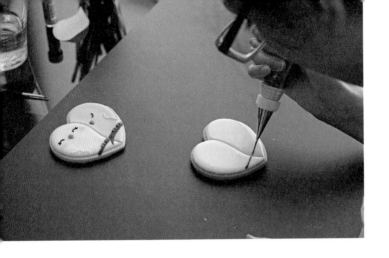

在歐盟內。

　　蘿希歐的愛情故事，算是在這樣的情勢下突破重圍了。她男友羅伯托的父親來自羅馬，母親來自馬德里；按照他的說法，義大利集體羅馬帝國症不易治癒——他曾期待家門打開便飄來烘焙香氣，冰箱也該由女人來堆滿食物，只是這些年愛情改變他很多。

自從他環遊亞洲後，羅伯托稱自己為「用豆腐做的男人」，象徵內外兼具和萬物共處的能力。在他撰寫那本色香味俱全的豆腐專書，他聲稱生漿與來自蛋殼的碳酸鈣——產生化學作用，使之凝固成形，予以磐石重壓，不失為源自亞洲的分子料理。

在我離開西班牙以前，我們相約吃頓晚飯，他堅持由男士來下廚，女人來享福——美其名是餞行，骨子裡覺得大家都在馬德里，沒道理同以啖食為樂的朋友，卻彼此錯過。

時間轉眼來到星期三傍晚。羅伯托正坐在餐桌旁，意興闌珊地望向時鐘。時間還早，太陽還是很大，他照例得喝些啤酒，才能繼續接下來的備料。他準備將低脂魚類煎過，同月桂香料、白波特熬煮成高湯，一部分冷凝成魚凍，與豆腐交疊成千層般的口感；其餘則用來烹調龍蝦濃醬，他想淋在麵餃上。

隔天下午他的水槽裡多了隻大龍蝦和蜘蛛蟹，這些都是活的，同樣都從魚販第雅哥那買來。他喜歡把刀具一字排開，廚房也白得像個實驗室；唯有鐵架那兩串用粗鹽醃製的五花肉，因為沒放硝石，所以灰不拉嘰很難看，但他覺得這才是真正的培根，實在沒必要為了好看，而喪失食物的味道。

他先是迅速將龍蝦膏舀出來跟奶油和在碗裡；再將被掏空的龍蝦螃蟹，隨洋蔥、大蒜、胡蘿蔔蔬菜拌炒，同干邑燄燒，廚房頓時香氣四溢。他緊接嚐一口味道，那表情很滿意，轉身就取來蝦膏倒進來熬。

　　等待時間，他打了通電話給女友。他知道蘿希歐正待在酒吧（La Venencia），我們就坐在使海明威靈感如泉，醞養《戰地鐘聲》的吧臺旁。「所以還要帶瓶菲諾？好，我知道了。」蘿希歐回他，侍者聽完走向雪莉桶旁，用貌似挖耳棒的斟酒器取出佳釀。

　　另一頭，羅伯托掛完電話心情很愉快，與其說他想託女友帶瓶酒，不如說他更想聽見對方的聲音。他打算接續來做義大利方餃，那麵皮被甜菜汁染成朱紅色；他用剩餘的豆渣和羊奶乳酪，一股腦兒包進麵皮裡。

　　我們回來的時間恰恰好。蘿希歐讓我當自個兒家裡，別拘束；她很自然地走進廚房幫忙，將蝦蟹磨成濃液，佐以紅椒粉調味，龍蝦醬到此算是大功告成。只見羅伯托走到冰箱白板前，思量半會，提筆寫下今日的菜單：

佛陀的後花園
豆腐塔帕斯
甜菜根豆腐麵餃佐龍蝦醬汁

豆乳冰糕

秘密點心

寫完他又想了想，走進磚房抱來 3 瓶美酒。蘿希歐趁此空檔，邀我前去參觀陽台，她和男友將這兒改造成懷石菜園，每樣蔬果香草都小小塊，這些量兩個人吃剛剛好。

羅伯托盛來魚凍豆腐。我們便從陽台摘些可食的千日菊、繁星花和大理花，大家自行隨意妝點，氣氛一時溫雅靜好，「佛陀的後花園」也完全能在這道餐饗裡，見其真意。

緊接端來的塔帕斯，那烤板豆腐洽當好處，蒸蛋豆皮入口即化，炸鱈魚丸覆層金盞花醃漬辣椒，賞心悅目又味美不可方物。可是羅伯特沒有很滿意，他認為辣椒與醋味，簡直扼殺了白酒的圓潤芬芳；說著說著他又往酒窖走去。

整場宴席，我們都吃得很愉快。我一邊享受波爾多白酒，一邊微笑地聽羅伯托分享見解，我和蘿希歐表明這男人若非天賦異秉，便是熱情使然；否則過往我吃不出豆腐特色之處，怎到他手裡，便化為兼容並蓄的珍物？而他做菜不按牌理出牌，你永遠不知道白色桌巾底下藏些什麼，彷若烹調豆腐才是這世上最難以抗惑的魔術。

但說完這些，我慢慢注意到自己的讚美有些刻意，幾

乎在對他表達一種「寬容」，就好比你說不出這人走什麼菜系，姑且便說他很有創意——這基於我仍暗自覺得：廚房向來是女人的王國。纖細易感如他，又怎麼可能不明白，我仍帶有一絲泛民族意識來看待豆腐這事，但他給自己倒了杯雪莉酒，抓到一個機會，把話題帶到女人看待烹飪跟男人有多麼不同。

羅伯托坦言自古以來，真正想進去廚房的男人並不多，包括他自己都是為了和母親建立平等關係，才開始學做菜。尤其在西班牙這個社會，無論男女都想做個懂吃的人，唯有女性受到文化風氣主導，下意識會覺得自己應該要懂得下廚。「但在廚房，當妳覺得這是應該要做的事情，就不會有真正的熱愛。」他這樣說。

時代轉變，現在西班牙性別平等意識提昇，女人能把事業做得有聲有色，雙方是彼此分擔。他從不擔心男人會淪於給女人做一輩子的飯，大家覓食生火，無非就是為了能夠好好生活。最重要的是他確知年老之時，這些烹食過程，會如同母親帶給他許多回憶，他帶給朋友的餐桌暖聚，回味無窮。

其實無需待他垂老，當羅伯托端來麵餃，我已經很確定在西班牙，我能帶回去的不只是陽光、美食和高第，還有這股堅定不移和源源不絕的創造力。我真慶幸來到這

裡，甚至希望這一路來的女主人都在。

羅伯特的豆乳冰糕，甚至讓我嚐到臺灣的味道。在我的記憶裡，這樣平易近人的美味，遍佈整個海島，讓每個人推開大門，都能無畏下廚，任憑創意奔馳；蘿希歐端來的聖十字蛋糕，傳承母親樸味，淌蜜地指引我去思考——每當我們想念某道家常點心，是否意味著我們太久沒有和家人相見？

蘿希歐深信當我回到家鄉，這段旅程才要展開。我這一路抽絲剝繭，盼望找出女人蛻變的線索，回頭也必定得反覆咀嚼味外之味。同時一個來自臺灣的女孩，正潛移默化改變歐洲的這些女性，她們可能許久未曾認真想過自己，又或者單純想過吃飯這件事情，將我們融為一個整體，足以橫跨疆界，藉此將嶄新的文化力量，留存在這片土地。

·

我後來沒跟蘿希歐提。當我從巴黎即將回到臺灣，在客運站遇見個女孩。她朝我微笑，如同我初次踏上這片土地的那種微笑。我們相談甚歡，她禮貌表示前來交換學生，「妳呢？」

我跟她說：「我們都是一樣的，只不過我是來交換人生。」

我們最後都有種默契，毫不刻意留下電話和姓名；我們確知人要往前走，便終究要有勇氣捨棄。只是她上車拉起窗簾，獨留道小縫，白駒過隙的像是另場時空的道別，也彷如人生總有許多時刻，她來不及和我謝幕，我也捨不得完結。

　　回程路途，我乘坐飛機，再次翻開報紙，聞見熟悉的油墨味。回想過往我窩在餐桌底下近十年，轉眼我捱過醫治雙眼的歷程，走進這些女主人家中，坐在爐火前聽她們說故事，就跟做夢一樣。

　　這夢裡一路跌撞，拾級而上的是陡峭暗坡與數不盡的階梯，究竟是什麼力量支撐我走到現在？又是什麼動機讓我堅持全程走完？

　　我思及那個拿起報紙每日不間斷剪字的女孩，也是會剪膩的。那時我便會貪懶，再尋個理由推托：媽媽，妳說的「愛」跟「希望」這些字，現在已經不多了。

　　一如既往的，每當母親聽見這話，總會從廚房探出頭來說：「沒關係，好東西總要費心尋找，妳找著記得放心底就可以了。」

聖地牙哥十字蛋糕 |
烤箱預熱 180 度（不開風扇），將 250g 糖與 4 顆常溫蛋
打到輕盈蓬鬆，倒入已經混好 125g 杏仁粉、少許肉桂粉
和檸檬皮的大碗，125g 馬爾科納杏仁切碎加入，拌勻後倒
入 24cm 圓模（鋪烘焙紙並抹好奶油），烤 30 分鐘。靜置
10 分鐘脫模，十字紙樣放在中間，灑糖粉即完成。

70th
ANNIVERSARY

春越森林
SPRING FOREST
AROMATIC SOAP

大春煉皂
DACHUN SOAP

獨家春藏清新香氛 X
富貴錦國蘭花萃精華

七十周年紀念禮盒

韶光荏苒・自果實中抽芽的新葉，長成繁茂大樹；
行經七十年時光之森・大春將山谷間的薄霧與沿途
花草木石的氣息・存納於心・在一片綠意中・謹獻
春日洗禮的芬芳・期盼大樹來日成林

初生之果　《花果氣息的活力躍動》

雪巖之木　《皓皓大山的沉靜苔松》

DACHUN SOAP
SINCE 1950

朝露之葉　《破曉晨光的一抹鮮綠》

www.dachuns.com

玩藝 0094

那些做自己的女人，和她們的餐桌

她，橫越歐洲大陸找尋自我，走進 12 個女主人的家，
聽她們用生活樣貌說故事，重新找回女生向前走的勇氣

文　　字—蔡佳好
攝　　影—蔡佳好
封面設計—鄭婷之
內頁設計—楊雅屏
責任編輯—施穎芳
責任企劃—田瑜萍

那些做自己的女人，和她們的餐桌：她，橫越歐洲大陸
找尋自我，走進 12 個女主人的家，聽她們用生活樣貌
說故事，重新找回女生向前走的勇氣
/ 蔡佳好著 .-- 初版 .-- 臺北市：時報文化，2020.05
　面；　　公分 .-- (玩藝；94)
ISBN 978-957-13-8210-4(平裝)

1. 女性 2. 飲食風俗 3. 社會生活

544.5　　　　　　　　　　　　　　　　　109006445

總 編 輯—周湘琦
董 事 長—趙政岷
出 版 者—時報文化出版企業股份有限公司
　　　　　108019 台北市和平西路三段二四〇號二樓
　　　　　發行專線　（02）2306-6842
　　　　　讀者服務專線　0800-231-705、（02）2304-7103
　　　　　讀者服務傳真（02）2304-6858
　　　　　郵撥 1934-4724 時報文化出版公司
　　　　　信箱 10899 臺北華江橋郵局第 99 信箱
時報悅讀網— http://www.readingtimes.com.tw
電子郵件信箱— books@readingtimes.com.tw
時報出版風格線臉書— https://www.facebook.com/bookstyle2014
法律顧問—理律法律事務所　陳長文律師、李念祖律師
印　　刷—和楹印刷股份有限公司
初版一刷— 2020 年 5 月 29 日
初版三刷— 2023 年 6 月 8 日
定　　價—新台幣 420 元

特別感謝—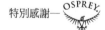

 時報文化出版公司成立於一九七五年，並於一九九九年股票上櫃公
開發行，於二〇〇八年脫離中時集團非屬旺中，以「尊重智慧與創
意的文化事業」為信念。

（缺頁或破損的書請寄回更換）

那些做自己的女人，
和她們的餐桌

她，橫越歐洲大陸找尋自我，走進 12 個女主人的家，
聽她們用生活樣貌說故事，重新找回女生向前走的勇氣

全球戶外專利技術背包
領導品牌 OSPREY

1974 年來自美國加州——Mike Pfotenhauer 創辦頂尖戶外旅行背包
陪妳行走世界各地，體驗自身美麗

限量提供五個名額，體驗美國最強專業背包品牌
ARCANE 系列的最新款包款

ARCANE DUFFEL	ARCANE BRIEF	ARCANE TOTE
多功能旅行袋	可拆卸肩帶筆電包	肩背／後背／手提三用背包
市值 $5400　1 名	市值 $3300　2 名	市值 $4400　2 名

（ 以上包款不選色，隨機贈送 ）

活動時間：
即日起至 2020/6/30 前（以郵戳為憑）
得獎公布：2020/7/9 於時報出版的 instagram：readingtimes_igofficial
與作者蔡佳好的粉絲專頁「Table Bible 與煮同在」公布得獎者，並由專人聯絡。

【讀者資料】（請務必完整填寫，以便通知得獎者）
姓名：_____　□ 先生　　□ 小姐

聯絡電話：_____

收件地址：□□□_____

E-mail：_____

購買此書的原因：_____

_____
以上請務必填寫、字跡工整

注意事項：
★ 請撕下本回函（正本，不得影印），填寫個人資料（凡憑本回函可無限制投遞）並請黏封好寄回時報文化。
★ 本公司保有活動辦法變更之權利。
★ 若有活動相關疑問，請洽時報出版第三編輯部：02-23066600 # 8249

時報出版

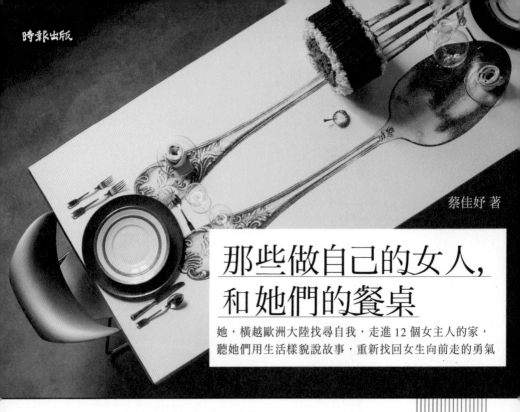

蔡佳妤 著

那些做自己的女人，
和她們的餐桌

她，橫越歐洲大陸找尋自我，走進 12 個女主人的家，
聽她們用生活樣貌說故事，重新找回女生向前走的勇氣

※ 請對摺後直接投入郵筒，請不要使用釘書機。

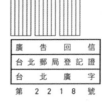

廣	告	回	信
台 北 郵 局 登 記 證			
台	北		廣 字
第	2 2 1 8		號

時報文化出版股份有限公司

108019 台北市萬華區和平西路三段 240 號 2 樓

第三編輯部 收